高学年担任必読！

小学校で育てる！60のチカラ

石川 晋 × 南 惠介
中学校教諭　　小学校教諭

フォーラム・A

✳ まえがき ✳

本書を手に取ってくださったみなさんへ

　小学校から中学校への橋渡しをどうするか。

　小中連携も進み始め、コミュニティ・スクールなど外部との協力も進み始めていますが、実際には、「階段の段差」は大きく、中学校に上がるところでつまずいてしまう子どもたちがたくさんいる現実があります。

　つまずきは、個々それぞれの場合ごとに理由・原因があり、一般化はなかなか難しいのですが、ある程度の傾向はとらえることができます。小学校高学年から準備をしておくことで軽減できることはたくさんありそうだと感じています。本書ではそこに焦点を当てて、ていねいにポイントを解説することを目指しています。

　そのために、小学校教諭の南さんと中学校教諭の私（石川）が、タッグを組みました。送り手と受け手の立場から、みなさんの関わる子どもたちが幸せで豊かな小・中学校生活を送って行けるようにどんなことができたらいいだろうか、そういった観点で執筆したのが本書です。

　特にインクルーシブ教育にも精通する南さんの提案は、具体的で示唆に富むものになりました。目次をご覧いただけば、多岐にわたる視点がもたらす、多様な思考に基づいて書かれたものであることが、十分にみなさんにも伝わるものと考えています。

　巻末の南さんと私との対談は、小学校教諭と中学校教諭の微妙な認識の違いや重点の軽重が、読者のみなさんにも伝わればいいなあということを企図して載せています。読んでいただくことで、教室で活用するためのノウハウを手に入れられるだけでなく、背景にある考え方などにも目を向けていただくと、より教室実践の厚みが増すと考えています。

　高学年担任の先生方は、日々本当にご苦労されていると思います。その日常を助ける1冊として、是非使い倒していただけたらと、願っています。

2017年2月14日　石川　晋

✱ もくじ ✱

まえがき　本書を手に取ってくださったみなさんへ ……3

第1章 ✱ 小学校で育てる！学習規律・学習技能のチカラ ……7

- 8 **1** 学習規律
- 10 **2** 聞く力① ～話が聞けるように～
- 12 **3** 聞く力② ～聞いて反応ができるように～
- 14 **4** 挙手のクセ
- 16 **5** たくさん発表する
- 18 **6** 話し合う
- 20 **7** 書く力① ～量をこなす～
- 22 **8** 書く力② ～質をあげる～
- 24 **9** 宿題提出する

第2章 ✱ 小学校で育てる！国語のチカラ ……27

- 28 **1** 音読
- 30 **2** 暗唱
- 32 **3** 読書を楽しむ① ～読書習慣～
- 34 **4** 読書を楽しむ② ～本で交流～
- 36 **5** 文章で表現する ～お題日記～
- 38 **6** 漢字① ～書く～
- 40 **7** 漢字② ～復習～
- 42 **8** 漢字③ ～送りがな～
- 44 **9** 漢字④ ～読み～
- 46 **10** 要点をまとめる
- 48 **11** 要約をする
- 50 **12** 辞書引き
- 52 **13** 国語テストの答え方

第3章 ✱ 小学校で育てる！算数のチカラ ……55

- 56 **1** 基礎計算① ～100マス計算～
- 58 **2** 基礎計算② ～100わり計算～
- 60 **3** 基礎計算③ ～さかのぼり学習～
- 62 **4** アルゴリズムを覚える
- 64 **5** 計算を理解する
- 66 **6** 分数
- 68 **7** 通分
- 70 **8** 約分
- 72 **9** 小数
- 74 **10** 2桁のわり算
- 76 **11** 1あたりを理解する
- 78 **12** 文章題を解く
- 80 **13** 単位換算する

第4章 ＊ 小学校で育てる！社会・理科のチカラ …………83

- 84 ① 東西南北を理解する
- 86 ② 地図帳を使いこなす
- 88 ③ 都道府県を覚える
- 90 ④ 歴史上の人物に親しむ
- 92 ⑤ 理科を楽しむ
- 94 ⑥ 実験器具を使いこなす

第5章 ＊ 小学校で育てる！生活のチカラ …………97

- 98 ① 自尊感情・自己肯定感
- 100 ② 向上心 ～自分に自信をもつ～
- 102 ③ 折り合う
- 104 ④ 責任感・創意工夫 ～当番活動・係活動～
- 106 ⑤ よく気がつける
- 108 ⑥ 片づけのクセ
- 110 ⑦ 縁の下の力持ち
- 112 ⑧ 友だちとつながる

第6章 ＊ 小学校で育てる！多様に生きるチカラ …………115

- 116 ① スマホ・ゲーム
- 118 ② 新しい環境になじむ① ～6つのものさし～
- 120 ③ 新しい環境になじむ② ～交流が子どもを支える～
- 122 ④ コミュニケーション術
- 124 ⑤ アクティブ・ラーニング① ～仲間との学び・協同学習～
- 126 ⑥ アクティブ・ラーニング② ～個人での学び・選択授業～
- 128 ⑦ 優先順位をつける
- 130 ⑧ 特性のある子ども① ～じっとできるようにする～
- 132 ⑨ 特性のある子ども② ～得意なこと・不得意なこと～
- 134 ⑩ 特性のある子ども③ ～友だちの理解を得る～

コラム 「引き継ぐ」ということ ………136

対　談　これからを生きる子どもに必要なチカラとは？ …138

あとがき ………142

第1章

小学校で育てる！
学習規律
学習技能
のチカラ

円滑に学習を進めていくうえでの「学習規律」や、子どもたちの「学び」をより高度で豊かにするためのよりよい「学習技能」を身につけさせていくことは大切です。これらは、その年限りではなく、進学した後のことを考えても、しっかり育んでいけるように取り組んでいきましょう。

第1章 ＊ 小学校で育てる！学習規律・学習技能のチカラ

① 学習規律

ねらい 　学習規律は、スムーズに学習を進めていくうえで重要な意味をもちます。しかし、残念ながらそれを身につけさせていくという視点は、あまりもたれていないように感じます。
　逆に学習規律を無理に身につけさせようとしたがゆえに、子どもとの距離が離れ、学級経営が難しくなったという話も聞きます。楽しく心地よく学習規律を身につけさせていきましょう。

＊指導のコツ1　基本的なところから始める

　「『はい』と返事をする」、「手を挙げる」という基本的なところから学習規律をつくっていきましょう。

　短い時間で、動きをともなう行為は、子どもにとって抵抗感が少ないうえに、機会をたくさんつくることも容易なので、定着させやすいのです。

＊指導のコツ2　モデルを利用する

　「ちゃんと」という指示は、実はあまり子どもたちに理解されていません。

　たとえば、小学校1年生では、具体的に次のように指導されます。

　「足はピタッ、背筋はピンッ、手はおひざ」

　これが「ちゃんと」の具体です。

　しかし、より具体的に「ちゃんと」を示すことができる方法があります。

できている子どもの姿を示す

　このとき、できていない子どもを、できている子どもと比べてはいけません。

　やろうとしているのになかなかできない子どものやる気を失わせてしまいます。

　可能なら、これまでにあまりほめられていない子どもを見つけてほめましょう。

　そういう子どもは嬉しくて何度もくり返しモデルになってくれます。

　場合によってはモデルの写真を撮り、教室に掲示しておきましょう。そうすることでより一層具体的になり、やる気が出ることがあります。

すごい！「ちゃんと」座れているね

＊指導のコツ3　おもしろ指示でやる気アップ

「手をピシッと挙げなさい」でも十分ですが、思わず笑ってしまうような指示をすると、さらにおもしろがってやり始めます。

たとえば、「水泳選手のように」とか、「天井に手がつきささるように」というような指示を、子どもたちは笑顔で実行しようとします。

子どもたちは楽しいことが大好きです。そして楽しいことはくり返そうとします。

ちょっとした声かけのちがいで、子どもたちの動きと表情は大きく変わります。

＊指導のコツ4　できて当たり前と思わず、ほめる

子どもがいい状態になっていても「そんなのできて当たり前」とほめない先生も見受けられますが、「以前の状態より進歩した姿はほめる」のが鉄則です。

先生にとっての「当たり前」という基準を1度なくしてみましょう。そうすることで、子どもの進歩が見えてきます。

しかし、その一方でもうそれが当たり前の状態になっているのに、ほめつづけている姿も見られます。

教育目的は「よりよい当たり前をつくる」ことです。

何かできるようになったら、次の目標設定をして、さらに子どもたちを伸ばしていきましょう。

注意して指導するポイント

① 子どもたちが「やってみよう」「できるかも」と思える基本的なことからスタートしよう。

② 子どもを「モデル」にして輝かせよう。

③ おもしろ指示で、子どものやる気を引き出そう。

第1章 ＊ 小学校で育てる！学習規律・学習技能のチカラ

2 聞く力①
～話が聞けるように～

ねらい　聞く力、はスムーズに学習を進めていくうえで重要な意味をもちますが、その力はかなり意図的につけていく必要があります。
子どもたちの将来のことを考えても、聞く力をしっかりと身につけておくことは、とても大切なことです。ポイントは、聞くことが当たり前になるようにすることです。

＊指導のコツ1　指示・活動・評価を1つのサイクルで

話を聞くのが苦手な子どもたちには、最初はできるだけ「短い言葉」で話すようにしましょう。

ただし、それだけでは本当に聞いているかどうかわかりませんし、子どもたちにとって「必要感のない言葉」のままです。

活動をともなう指示を

たとえば、「立って読みましょう」という指示を出せば、「立つ」という活動が必要になります。よく聞いていない子どもは、取り残されることになります。

このように何か説明をした後は、必ず「活動」をともなう「指示」をするようにします。「ボーッと聞いていても大丈夫」ではなく「何かすることになるから聞かなくちゃ」にすることで聞く力がつくのです。

そして、よくできている子どもは「よくできたね」と評価してあげましょう。

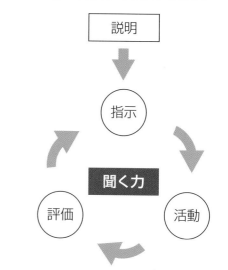

＊指導のコツ2　おもしろい話をする

子どもたちは楽しい話を聞くのが大好きです。楽しい話をよくしてくれる先生のクラスの子どもたちは、よく話を聞くようになり、「聞くクセ」がついていきます。

特に年度当初の4月には、楽しい話をたくさんしてみましょう。

「この先生の話はおもしろいぞ」と子どもたちが思ってくれたら「聞く力」がつく第1歩を歩み出したも同然です。

どんな話であれ、話を聞くことができるようになってくると、自然とクセはついてくるものです。

指導のコツ3　話し声は使い分ける

　確かにハリのある大きな声はよく聞こえます。しかし、逆に小さい声の方が耳をそばだてて聞き、子どもの聞く力を鍛えることにつながることもあります。

　「声の出し方」にはいろいろあって、その効果や受け取り方は子どもによってちがいます。子どもたちやそのときの様子にあわせて、使い分けてみましょう。

　試してみると、子どもたちの反応が変わることがわかると思います。

　ワンパターンから脱却して、いろいろなパターンを使い分けてみましょう。

声の出し方のパターン
・大きく
・小さく
・強く
・弱く
・高く
・低く
・はやく
・ゆっくり
・感情を込めて（優しく、怖く、楽しく、凛として　など）
・無機質に

指導のコツ4　聞き手を鍛える

　聞く力は、子ども同士の発表でも鍛えることができます。

　「発表のときは、全体を見回して話してごらん」と伝えると、**話し手が聞き手を意識します。**

　するとおもしろいことに、聞き手も話し手を意識し始めて話を聞くクセがついてくるのです。そうすることで聞くことが日常化し、習慣となっていきます。

　なかには、どうしても「じっと」聞くのが苦手な子どももいます。

　そういった子どもには、「うんうん、とうなずきながら聞くといいよ」とか「メモを取りながら聞いていいよ」とアドバイスしてあげましょう。

　動きが加わることで、話が聞けるようになることがあります。

メモを取りながら聞いてもいいよ

> **注意して指導するポイント**
>
> ① 聞く子どもを育てるという視点をもとう。
>
> ② 子どもにとっての聞くための「必然」をつくってあげよう。
>
> ③ よい聞き手になるという意識をもたせよう。

第1章 ＊ 小学校で育てる！学習規律・学習技能のチカラ

3 聞く力②
～聞いて反応ができるように～

ねらい
聞く力があるということは大切です。
しかし、ただ聞くだけでなく、聞いて反応できる子どもに育てることはもっと大切だと思います。
ここでは、どのようにその力を鍛えるかというヒントを示します。

＊指導のコツ1　ゲームで鍛える

「ただ聞くだけ」が退屈だと感じるのは、大人も同じです。

しかし、聞いた後に、何かを必ずしないといけないなら、多くの人はその話を興味をもって聞くようになるでしょう。

それが楽しいことなら、なおさらです。

大切なのは、「この先生の話を聞いていると楽しいことがあるぞ」という気持ちを子どもがもてるようにすることです。

後出しじゃんけんゲーム

たとえば、先生対子どもたちでじゃんけんゲームをしましょう。

まずは、普通のルールから始めます。子どもは立たせて、負けたら座らせましょう。

次は、あいこになったら勝ちというルールに変えて同じように遊びます。

そして、最後に「後出しじゃんけん」をします。

このとき、さらに「負けた方が勝ち」というルールをつけ加えましょう。このルールでは、先生が「グー」を出したら、後から出す子どもは「チョキ」を出さないと勝ちにはなりません。これが実際にやってみると、なかなか難しいのです。

じゃんけんであれば、何度もくり返しできますし、子どもたちはよく先生を見て、話を聞くようになります。

このような短い指示と視覚的に結果が判断できるようなゲームは、聞く力を育てるにはうってつけなのです。

12

＊指導のコツ2　ボケる

　漫才でいうところの「ボケ」と「ツッコミ」の関係は、相手が聞いていないと成立しません。

　さほど大したことのないボケでも、慣れてくると子どもたちはツッコみ始めます。できるだけ、ツッコみやすいようにわかりやすいベタなボケをしましょう。

　たとえば、朝教室に入るときから、「こんばんはー！」といって入ってみましょう。

　すると、注目している子ども、よく話を聞いている子どもが気づいてツッコんでくれます。

　「ばれたか」と笑いながらいうと、次は聞き逃さないぞとノリのいい子どもが先生の話に注目します。

　子どもは間違い探しが大好きですから、何度か先生が「ボケる」と、次はいつボケるだろうと待ち構えるようになるのです。

　続けていくうちに集中して話が聞きづらい子どもでも、知らず知らずのうちによく話を聞くようになり「先生、それ違う」とツッコむようになってきます。

　そうなればしめたものですよね。

　「よく話を聞いているね」

　その子どもの状態をほめて認めることで、少しずつですがほかの話もよく聞くことができるようになってきます。

　そして、「ツッコミ」をすることは先生の発言に対する反応を磨いていくことにもつながります。

　ただ聞くだけでは、まだ不十分なのです。自分がその言葉に反応して、自分の言葉で返すという経験が、子どもたちに本当の「聞く力」をつけていきます。

注意して指導するポイント

① 楽しいことがセットなら聞きたくなるものだと意識しよう。

② 楽しいゲームを通して、聞く力を鍛えよう。

③ 子どもにツッコませることで、聞く力や、聞いたことに反応する力を鍛えよう。

第1章 ＊ 小学校で育てる！学習規律・学習技能のチカラ

④ 挙手のクセ

高学年ともなるとなかなか手を挙げて発表することが難しくなってきますが、手を挙げて発表する子どもが多いと、授業は活性化します。
挙手することが「当たり前」になれば、わかっているけれど手を挙げないという状態は激減します。子どもが当たり前のように手を挙げて発表するためのヒントを提示します。

＊指導のコツ1　とりあえず手を挙げさせる

そもそも「授業中に手を挙げる」ことが非日常的になっている場合があります。

そこで、まずは「確認のための挙手」で手を挙げることを「日常化」しましょう。

しかし、ただの確認では子どもたちも面倒くさがります。

最初は「何かできたら手を挙げる」ということからスタートしましょう。

もちろん例外もありますが、できたことをアピールしたいのは、子どもたちの常。

たとえば、次のような場面が考えられます。

① プリントに名前を書く。
　→「できた人？」と確認の挙手。

このとき「できました」と声に出すように指導することで、全体の緊張感が自然と高まります。

② 問いを二択にして出題。
　→「○か×か」で確認の挙手。

これなら全員手を挙げざるを得ません。

ただ、大切なことがあります。

全員手を挙げるまで待たない

待たないことで教室にスピード感が生まれます。そうしたスピードの速さは、全体に勢いをつけますし、子どもにとって速いことは楽しさにつながります。

もちろん、がんばってもその速さについていけない子どももいます。

そういう子どもにはその場に行って一言「もう一息だね」「よくがんばっているよ」と小さく声をかけてあげることも必要なことです。

こうしたことを続けて「手を挙げたい子どもが、自らどんどん挙げる」「手を挙げたいから挙げる」という空気を教室内に醸成していくことが大切です。

＊指導のコツ2　問いを簡単に

　たとえば、国語で「題名は何でしょう」、算数の文章題で「登場人物はだれでしょう」と、読めば簡単にわかることを、あえて問うのです。

　これなら、全員がわかるはずです。

　手を挙げるというクセをつけていくためにとても効果が高い方法です。

　そして、そんな簡単に思えることでも、わからない子どもがいることもあります。

　授業のレベルが子どもたちにあっているか確認できるチャンスです。

＊指導のコツ3　挙手の前にちょっとの相談をさせる

　発表をする前には、「自信をもたせるために自分の考えをノートに書かせてから……」という話をよく聞きます。

　それも1つの大切な方法ですが、自分の考えを書いてまとめるということは決して簡単なことではありません。

　何よりも時間がかかり、授業中に手軽に行えず、なかなか「日常化」しません。

　そこで、「隣の人と相談してごらん」とか「友だちと確認しましょう」と、たとえば5秒や10秒だけでも時間を区切って子ども同士での確認の時間をとるのです。

　相談前と比べて、一気に手を挙げる子どもが増えると思います。

　「これでいいのかな」とか「こんなこというと笑われるかも」と思っていた子どもが、友だちに1度話すことで安心できたり自信をもてたりするのです。

　少しの時間ですが、この時間をとるかどうかで発表の量と質がかなり変わります。

① 「日常化」が大切。とりあえず手を挙げるクセをつけよう。

② 簡単に答えられる問題をたくさん出そう。

③ 難しい問題は「相談タイム」をとろう。

第1章 ＊ 小学校で育てる！学習規律・学習技能のチカラ

5 たくさん発表する

挙手のクセが身についたら、次の段階としてたくさん発表できるように育てましょう。子どもたちがたくさん発表してくれることで、より豊かな学習につながっていきます。
　こうした学習技能や学習規律は、すべての教科を通して継続して身につけることができます。ポイントは「習慣になっているか」です。

＊指導のコツ1　強制的に発表させる

　授業のなかで「じっとしている」ことを意図的に選択している子どもは、案外たくさんいます。

　自分は発表しない、と決めている子どもさえいます。

　そこで、まずは「全員が発表する機会」を強制的にたくさんつくるのです。

　しかし、強制的にといっても「言えっ！」と叱るわけではありません。

　列指名

　簡単に答えられる問題を列で発表していく方法です。

　たとえば、「三角形の面積の公式の答えを確認します。横列で発表してもらいます。では2列目の人」「はい」「はい」とテンポよく指名していきます。考える時間を与えると、躊躇する子どもが出てきます。

　ここではテンポのよさが大切になるので、答えは短く一言で答えられるものにしましょう。

　苦手な子どもも、勢いで発表することができます。それでも発表しづらい子どもは、パスしてもよいのです。

　ちなみに、私は指名しやすいように、横列は「○列目」、縦列を「○号車」と呼んで指名するようにしています。

　「○号車」という呼び方は、通常低学年で使いますが、高学年の子どももおもしろがって指示に従います。

　ずっとこれをくり返す訳にはいきませんが、ときどきこのような形で発表させることも習慣化するためには必要だと思います。

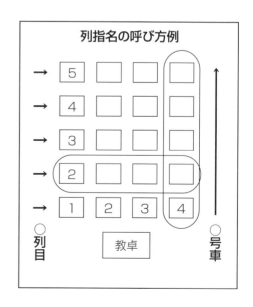

16

＊指導のコツ2　「相談タイム」

「5秒間隣の人と相談してごらん」「近くの人と相談してごらん」

こういう小さな積み重ねが授業のなかで必要な言葉を口にし、たくさん発表できる下地をつくります。

＊指導のコツ3　書く指導を大切にする

短い発表なら何とかできる子どもでも、いざある程度まとまった発表をするとなると不安に感じてしまう子どもも出てきます。

普段から書く指導を大切に

書くことで、頭が整理され発表できるようになることがあります。

そのためには、普段の板書もただ写すのではなく、考えたことを書かせるようにしましょう。

ある程度書けるようになったら、それをもとに発表させます。

そういう機会をたくさんつくってあげましょう。

＊指導のコツ4　とりあえず当ててみる

とりあえず教師が発表させたい子どもに当ててみましょう。

乱暴なようですが、このシンプルな方法が子どもの殻を破ることがあります。

もちろん、答えのわからない子ども、どうしてもいいたくない子ども、いえない子どもに当てることはしません。

「いえそうだけど、どうしようかな」

そう考えて迷っていそうな子どもには、積極的に当ててみましょう。

そういった子どもが発表に参加できるようになることで、クラスの雰囲気が変わっていきます。

---

① 初めからいい発表をと考えずに、発表するクセをつけよう。

② 全員が声を出す機会をつくろう。

③ 書く指導を大切にし、ときには強制的に発表させよう。

第1章 ＊ 小学校で育てる！学習規律・学習技能のチカラ

⑥ 話し合う

「話し合う」ことは、これからより大切にされていく活動であり、技能です。
　授業に限らず社会に出るまでと考えると、いろいろな場面で話し合いをすることが増えてきます。話し合いが上手であることは、大きな武器になるのです。
　ここでは、授業のなかで話し合う力をつけるコツを紹介します。

＊指導のコツ1　ショートの話し合い

「話し合いを1時間」
これをいきなりしようとするとハードルが高いです。
無駄に時間だけが使われ、効果も低い。
なので、あまり話し合い活動をしなくなって結局上達しない。
そんな悪循環にはまっている学級をしばしば見ます。
もちろん1時間しっかり話し合いができるようになることは大切です。
しかし、段階を踏む必要があります。

5秒で確認

まずは、日常的に「ショートの話し合い」を入れてみましょう。
それも、最初は「超」ショートで。
「今の答え、隣の友だちと確認5秒で」
そうすると、苦手な友だちとも強制的に話し合わなければならなくなります。
苦手だと思っている相手でも、5秒であれば、ネガティブな感情の入り込む余地はありません。
逆に、「急いで話すぞ」という気持ちを共有することで、その子どもたちの仲も徐々によくなっていくという効果もあります。

子どもたちが慣れてきたら、少しずつ話す内容を難しくしていき、時間も10秒、20秒、…、1分と長くしていきましょう。
話し合いをする相手のパターンもいろいろあった方がよいです。

> **話し合いのパターン**
> ・隣の人
> ・後ろの人
> ・近くの人
> ・班の人
> ・動き回っていろんな人と
> ・同じ考えの人
> ・違う考えの人

こうして、話し合いそのものの「基礎体力」を普段から鍛えていくのです。
ポイントはスピード感です。だらだらした話し合いは、大人だって苦痛です。
「ああ、もうちょっと話したかったのに」というくらいでおえるからこそ、全体での発表時に「その続き」から意欲的に話し出すことができるのです。

*指導のコツ2　誤答や「たらず」を提示する

　子どもたちは「えーっ、何それ」と思うと人に伝え合いたくなります。

　逆に、完全にわかっていることを問われると、「もういいや。わかりきってるでしょ」と話し合いを面倒くさがってしまいます。

　答えが完結していることを話すのは話し合いではなく、確認にしか過ぎません。

　確認から話し合いに移行するためには「はっきりしないこと」「教師の説明や指示が少したりないこと」について話し合わせるのがコツなのです。たとえば、

$$\left\lceil\frac{1}{2}+\frac{1}{3}=\frac{2}{5}\text{ですね}\right\rceil$$

というと、子どもたちは、「ちがう、ちがう」と話し始めます。

　また、三角形の面積を求めるのに、底辺の長さしか書いていないような「たらない」図を提示するという方法もあります。

*指導のコツ3　学級会を大切にする

　ありきたりですが、学級会の話し合いを大切にしたいものです。

　学級会での話し合いではぜひ「子どもたちの生活に直結したもの」をテーマにしてみましょう。

　そのなかでも「学級レクを何にするか」など、楽しいことを議題にして話し合うことをお勧めします。

　いきなり1時間すべてではなく、15分くらいの話し合いでも、積み重ねていくことで、話し合いが上手になっていきます。

　ここで大切なのは、「時間内」におさめて話し合うということです。

　最初は教師が司会をしてもよいです。よい話し合いのモデルをつくるという意識をもちましょう。

　モデルを見せたら子どもに体験させます。そのうえで少しずつ司会をゆずっていきましょう。そうして、リーダーを「継続して育てていく」という視点も大切です。

　少しずつでも上達を目の当たりにするということが、大切な経験となります。

注意して指導するポイント

① 授業のなかにショートの話し合いをたくさん入れよう。

② 「たらず」を提示しよう。

③ 学級会での話し合いを大切にしよう。

第1章 ＊ 小学校で育てる！学習規律・学習技能のチカラ

7 書く力①
～量をこなす～

ねらい　論理的に思考する力を育てることを考えると、ある程度「書ける」ということは大切なことです。
　しかしながら、高学年でもちょっとしか書けない子どもも少なからずいます。そういった子どもが書けるようになるためには、スモールステップで書くことに慣れさせましょう。

＊指導のコツ1　まず、写す！

　「習うより慣れろ」ではありませんが、まず鉛筆を持ち、文章を写すところからスタートしてはいかがでしょうか。

　授業のなかの学習活動や宿題として視写を行うのは効果的です。

　しかし、日常的にもっと簡単に行う方法は毎日の連絡帳の活用です。

　私は、連絡帳の最後には必ず「今日のいいところ」を黒板に書いて写させています。

子どもが書いた連絡帳

＊指導のコツ2　とりあえず書かせる

　そもそも教科書の単元計画の通りに行えば、子どもたちが自分の考えを書く機会は学期に1、2単元に過ぎず、決して多くはありません。

　書くことが苦手な子どもがすらすら書けるようになるには、少な過ぎるのです。

　そこで、日常的に書く機会を設定しましょう。

1 日記

　日記は「書く指導」の王道といってもよいでしょう。

　できるだけ毎日書かせたいものです。

　返事を書くのが大変という声も聞きますが、返事は簡単に一言だけでもよいです。

　ただし、ときどきみんなの前で読むなどして紹介すると、子どもたちの意欲がより一層高まります。

2 初発の感想・おわりの感想

　国語の単元の最初に一読した後で、「初発（最初）の感想」を、単元の学習がおわった後、「おわりの感想」を書かせます。

　特に、初発の感想には時間をとります。子どもたちの課題を把握することができるからです。

3 ふり返りノート

毎日のふり返りを行います。

時間は短い方がよいと思います。私は帰りの会や掃除の後の休み時間の3〜5分程度で取り組むことが多いです。

その短い時間でどれくらい書けるか。

子どもは案外、自分との勝負を楽しむようになります。

ふり返りノート

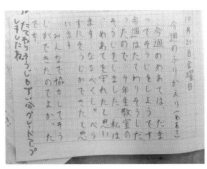

＊指導のコツ3　「モデル効果」は効果的

何を書けばいいかわからない子どもに、友だちの日記やノートを紹介するのは、かなり効果の高い方法です。

子ども目線で「自分に使えそうな表現」や「自分の書きたいテーマ」を見つけることができます。

また、「あの子があんなに書いているなら自分も書ける」と量に注目し、やる気スイッチが入ることも多々あります。

＊指導のコツ4　最初はひたすら量をほめる

実は、これが最強奥義です。

学年始まりでは、質や内容はさほど重視しません。文章の上手下手には極力触れず、ひたすら量をほめましょう。

量は必ず質に転化していきます。

「○ページ書いたね」「○行書けたね」「昨日より増えたね」

その一言一言が子どもたちの書く量を増やしていき、子どもたちの「書く基礎体力」を鍛えていきます。

そして、それは後の文章力の向上につながっていくのです。

注意して指導するポイント

① まずは、「写す」ことを大切にしよう。

② 子どもをモデルにすると、効果は思いのほか高いことを知ろう。

③ 「量は質に転化する」とにかく書く機会を増やして量をほめよう。

第1章 ＊ 小学校で育てる！学習規律・学習技能のチカラ

8 書く力②
～質をあげる～

ねらい　生きていくうえで、いつもいつもていねいに書く必要はありません。TPOにあわせていねいに書いたり、雑に書いたりという使い分けが必要です。
　それぞれの場面を教えつつ着実に子どものやる気に火をつけ、書く力をつけるために有効な方法があります。

＊指導のコツ1　何のためにていねいに書くのか？

　教師は子どもに「ていねいに書きなさい」といいますが、それは何のためでしょうか。
　確かに美しいノートを見ると嬉しくなります。
　ただ、それが直接賢さにつながるとは限りません。
　殴り書きのようなメモを大量に残している天才は、世のなかにたくさんいます。
　ていねいさが求められる場面というのは限定的ですが、それでもなお、ていねいに書いた方がよい場合もあります。
　新学期に子どもたちに、「賢くなろうね」と理想を話すでしょう。
　しかし、理想を実現させるためには手立てが必要です。そのために、あわせて方法論を語りましょう。
　その方法の1つが「ていねいさ」。
　ていねいに教科書を使う。ていねいに文字を書く。
　「そういう人が、時間がかかっても伸びていくんだよ」と伝えます。
　すると、その瞬間にスイッチが入る子どももがいます。
　「いいね」と、その価値を認めていくことで、学級全体が「ていねいに書いた方が賢くなる」という方向に向かい始めます。
　そして、「1日続けただけでは本当の力はつかない。それをしばらく一生懸命続けていくんだよ」。
　そう伝え、できたことをほめ、認めていくことで初めて「ていねいに書く」ことができるようになっていくのです。
　私は教室に、イラスト集から見つけてきた言葉を自分で書き直し、下のように掲示をしています。
　いつも目に入るようにし、年間を通して、「ていねいさ」を身につけさせていきましょう。

黒板上部の教室掲示

✽指導のコツ2　どの場面でていねいに書くのか？

　すべての場面でていねいに書くように指導すると、時間がかかり過ぎてかえって子どもたちの伸びを阻害することがあります。

　私は「漢字」「計算」「手紙」はていねいに書くように教えています。

　このとき、理由を語ることで、子どもたちは「大切なことだ」と考えてくれます。

　「漢字」「計算」は「正確に書かないと間違いが多くなること」、「手紙」は「感動させる文章を書くのは難しいけれど、ていねいさで心は伝わることを伝えましょう。

　子どもの能力を伸ばすために求められる「ていねいさ」って、実はそれくらいなんじゃないかと私は考えています。

子どもが書いた手紙

✽指導のコツ3　一点突破

　あれもこれもいきなり全部ていねいに、というのは過剰な負担となります。

　そこで、初めはていねいに書くものを1つにしましょう。

連絡帳一点突破！

　「連絡帳に板書をていねいに写す」

　それを教師は「ABC」で評価する。（P.20のコツ1の写真参照）

　子どもに何かを身につけさせるときには、積み重ねて経験していくしかけと評価が必要です。

　連絡帳は毎日毎日書くものです。熱心な保護者の方は高学年になっても連絡帳を見てくださいます。毎日書いているので「前よりきれいになったね」とも評価されやすいです。

　ていねいに書くことは1つの「能力」ですから、できるようになるまで時間がかかることもあります。しかし、おもしろいのはこうして身につけた「ていねいさ」は連絡帳に留まらないのです。波及効果でほかのノートなども美しくなっていきます。

注意して指導するポイント

① 何のためにていねいに書くのかを伝えよう。

② ていねいに書く場面を限定しよう。

③ 毎日書く連絡帳を効果的に利用しよう。

第1章 ＊ 小学校で育てる！学習規律・学習技能のチカラ

⑨ 宿題提出する

ねらい
「宿題の提出ができない」「なかなか揃わない」
そのような声をときどき聞きます。
宿題が全員揃うようにするためには、いくつかのコツがあります。このコツを知ることで、どの子どもでも楽しんで宿題をしてくる習慣をつけることができます。

＊指導のコツ1　「これくらいならできる」を宿題に！

まずは、実態にあわせて、宿題の量を調節しましょう。

もちろん、学年に応じた「この位の量はしてほしい」という願いもわかります。

ただ、学力的に低位の一番宿題をしてほしい子どもがしてこなければ、結局その子どもはどんどん勉強についてこれなくなるという状況に陥ってしまいます。

ちょっと頑張るとできる量に

一律に出す宿題の量は、まず低位の子どもがちょっと頑張ればできる量にしてみるというのはどうでしょうか。

「これくらいならできる」

まずは、そこがスタートです。

宿題を提出するのが「当たり前」の状態をつくり出しましょう。

そして、そこに、自学をプラスします。

```
自学の例
・調べ学習
・漢字や計算の復習
・イラスト
・視写
・体育の作戦
・詩や作文・俳句
・友だちのいいところさがし　など
```

自学の量は問いませんが、たくさんしてきた子どもや、質が高いものについては触れ、ほめていきます。

今までやってこなかった子どもには「毎日出せるようになったね」と、やる気のある子どもには「すごいね」と、さらにほめることができます。

＊指導のコツ2　パターン化する

毎日の宿題をパターン化すると、子どもは学習しやすくなります。

ここでいうパターン化というのは、宿題の内容は違っても、毎日同じ形で出すことを指しています。

私の場合は「日記」「学習プリント」「自学」の3つをセットで出しています。

学習プリントは裏表に印刷します。表に

はその日に学習した新出漢字と翌日行う漢字テストと同じ問題。その裏には、その日に学習した算数の問題。これが基本パターンです。

慣れてくると教師の側から考えても、時間が短縮されてきて楽になります。

＊指導のコツ3　1回解かせてから出す

「去年まで家に帰ると、宿題の前で泣いてたんですよ」

保護者の方にこっそり教えていただいたことがあります。

案外、宿題に難しさを感じている子どもたちは多いようです。

そこで、復習を目的にした宿題であれば、授業中に解いた問題をそのまま宿題にする方法をおすすめします。

また、「この問題は難しいぞ」と教師が感じたら、「メモしてもいいからね」とあらかじめ簡単に問題の解き方を教えてしまいましょう。

まずは宿題に向かえるように。そして、写してでもいいから復習を兼ねて自分で書くように。

子どもの学びは0か10ではなく、1でも2でも進めばいいのではないでしょうか。

＊指導のコツ4　おもしろ宿題を出す

おもしろ宿題といっても、毎日そんなに工夫する時間はありませんよね。

1　ちょっとだけイラストを入れる

自分で描いてもよいですし、既存のイラストを利用してもよいです。

文字だけのプリントはどうしても難しく思えてしまいます。少しだけでもイラストを使うと、ホッとする子どももいます。

2　文章題に子どもの名前を入れる

自分たちの名前が登場すると思わず笑ってしまうものです。

もちろん、子どもの名前を入れるときには、許可を取るようにしています。

「名前が登場してほしい人？」と尋ねると、「出して、出して」という子どもが結構います。

最初は嫌だといっていた子どもでも、使ってもいいよと後からいってくれる場合もあります。

たったそれだけでも、普通の宿題よりもおもしろいと感じる子どもは多いでしょう。

注意して指導するポイント

① どの子どもでもできるような簡単な宿題から始めよう。

② 同じパターンで宿題を出そう。

③ 子どもが楽しいと思える工夫をしてみよう。

第2章 小学校で育てる！国語のチカラ

当たり前ですが、すべての教科書は「日本語」で書かれています。つまり、子どもたちがすべての教科を学ぶ基盤は「国語」にあるといっても過言ではありません。
さまざまな方法を使いながら、「話す」「聞く」「書く」「読む」力をつけていきましょう。

第2章 ＊ 小学校で育てる！国語のチカラ

① 音読

ねらい
「教科書をすらすら読むことができるかどうか」
この力がついているかどうかは、学力をつけるうえで避けては通れないものです。
小学校を卒業すると、声を揃えて音読するという場面は多くありません。だからこそ小学校ではしっかりと音読をし、文章をすらすら読めるようにしたいものです。

＊指導のコツ　音読のパターンをいくつももつ！

音読のパターンをいくつももっておくことが、子どもを飽きさせずに反復して練習できる秘訣です。

パターン①　範読

教師が読むのを、子どもたちは聞きます。
ただし、その際、読めない字にはふりがなを書くこと、後で調べたい言葉には印をつけることを伝えます。

パターン②　連れ読み

教師が「句読点」で切って読んだ後に、子どもたちが読みます。
いくつかのパターンを紹介します。

1…「、(てん)読み」と「。(まる)読み」

句点で切るのと、読点で切るのとでは難易度が違います。
まだ読み始めの段階では「、読み」、そして、ある程度慣れたら「。読み」で練習を行いましょう。
ただし、ゆっくり読んでいると子どもたちは飽きることがあります。
ちょっとだけゲーム感覚で、教師と子どもの読みのすきまが空かないように、少しかぶせて読むようにするとよいでしょう。

2…なりきり読み

何かのキャラクターになりきって読むと、子どもたちもそれになりきり、楽しんで読むことができます。
たとえば「ロボットのように」、「おじいさんのように」、「女王様風に」など。

3…間違い読み

あえて間違えて読んでみましょう。
子どもたちは慣れてくると耳から覚え、目で文字を追わずに読むことがあります。
そこで、あえて間違いを入れながら読むのです。すると、子どもは目をこらしてよく読むようになります。
これは最初に宣言してもしなくても、おもしろがって続けます。

パターン③　交互読み

連れ読みの進化形です。
たとえば「それはそれは、**恐ろしい夢だった**」太字のところと、細字のところを教師と子ども、あるいは子ども同士で交互に読みます。
順番は、先生が先や子どもが先、子どもだけなど、いろいろなパターンを試すことができます。

パターン④　一斉音読

教師と子どもが一斉に声を揃えて読みます。

パターン⑤　超特急読み

「できるだけ速く読むんだよ」と伝え、全員立たせて読ませます。

「速く読めた子どもから座る」という風にすると、より意欲的に読みます。

スピードが上がらない場合は、教師自らが手本となって示すことが必要なときもあります。

また、適当に読もうとする子どももなかにはいます。

その際は、遅くても一生懸命ていねいに読んでいる子どものそばに行って「がんばっていていいね」と、周りに聞こえるくらいの声でつぶやくとよいです。

パターン⑥　微音読

ささやくような声で、これもできるだけ速く読みます。

超特急読みで座った後、早く読みおわった子どもの時間あわせにも使えるパターンです。

パターン⑦　指読み

高学年らしくないといえば、そうなのですが、本当に文字を追って読めているかの確認です。

一文字一文字、読んでいるところを指で追って読ませます。

パターン⑧　いきなり読み

何の事前指導も行わないまま声を出して読ませます。

すると、読めない漢字を子どもが自覚することができるのです。一斉に読ませることで、全員が集中して読めます。

こうすると、「読むこと」に必要性を感じられるので、辞書を引いたり、友だちや先生に読み方を尋ねたり、一生懸命範読を聞けるようになるのです。

第2章　国語のチカラ

注意して指導するポイント

① 楽しく読むことをまず最初の目的にしよう。

② 飽きさせないように、音読のパターンを増やそう。

③ とにかくたくさん読む機会を設定しよう。

第2章 ＊ 小学校で育てる！国語のチカラ

2　暗　唱

ねらい　よい文章を書くためには、日常的に名文に触れておくことが必要です。
そのためには、まず日常的に名文に触れることができる「暗唱」がお勧めです。
また、「暗唱」は、短期記憶を鍛えることができます。もちろん、音読練習にもつながります。
ぜひ、取り組んでみてください。

＊指導のコツ1　ハイタッチで音読

　覚えさせたい名文や詩のプリントを配付しておきます。

　基本は2人組で行います。

　「用意スタート」のかけ声で、片方の子どもが読み始めます。読みおわったら、もう片方の子どもが読み始めます。

　それを交互に3回ずつ行います。

　2人とも読みおわったら、「イエイ、イエイ」とハイタッチして座りましょう。（中嶋敦氏の実践から）

　1週間くらい続けると覚えてしまう子どもも出てくるので、時間があるときに発表してもらいます。

*指導のコツ2　暗唱タイムをつくる

練習自体は短い時間で構いません。

1分だけ、とか長くても5分くらいで十分だと思います。

それくらいの時間なら日常的に行えるはずです。

私は1人ひとりに暗唱用のクリアファイルを用意して、そこに名文や詩のプリントを入れさせています。

そして、何枚も入っているなかから子どもが自分で練習したい詩や文を選んで練習します。

「暗唱タイムスタート」で、各自が練習を始めます。

ちなみに、私は次のような詩や文をプリントにして配付しています。

- さかなやのおっちゃん
- 日本国憲法前文
- 平家物語
- 坊っちゃん
- 寿限無
- バナナのじこしょうかい
- 道程
- 論語
- 春望

このように簡単なものから難しいものまでを配付しておくことで、どの子どもも取り組みやすくなります。

ちなみに、難易度はあえて示しません。苦手な子どもでも取り組みやすくするためです。

時間が来たら、発表したい子どもに発表してもらいます。時間がかかるようなら、曜日ごとに列を指定したり、休み時間に挑戦してもよいことを伝えます。

合格した子どもには「暗唱合格証」をわたしたり、そのプリントに貼りつけるためのシールをわたしたりします。

たくさん集めることで、子どもたちはさらにやる気になります。

コツ1とコツ2のどちらの活動を取り入れてもよいと思います。国語の時間の最初や朝の活動などで行うと、頭のウォーミングアップにつながります。

暗唱用のクリアファイル

子ども1人ひとりに用意し、追加があるときはプリントだけをわたして子どもが自分で入れる

注意して指導するポイント

① 日常的に楽しく暗唱に取り組むことで名文に触れさせよう。

② 暗唱のもつ効果を、理解して活かそう。

③ 国語の時間や朝の活動などで、暗唱の時間を設定しよう。

第2章 ＊ 小学校で育てる！国語のチカラ

3 読書を楽しむ①
～読書習慣～

本は生活を豊かにするものです。また、読書の習慣がついている子どもは、基本的な学習の基礎がある子どもと考えられます。まずそういう子どもは語彙が豊富ですし、自分自身で表現する力だけでなく、文章を理解する基礎的な力がついています。読むスピードも速くなり、学習を行ううえで、強力な武器になります。

＊指導のコツ1　「自分の本」を手元に置く

まず、大切なのは、いつでも本が近くにある環境をつくることです。

多くの場合、学級文庫があると思います。そこから常に子どもの手元に1冊か2冊、本を置いてある状態にしておきたいものです。

机のなかにしまえるスペースがあれば机のなかに、なければロッカーなどに「自分が読む本」として、継続的にもたせるようにしましょう。

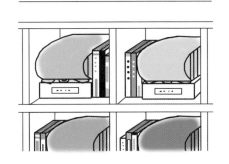

＊指導のコツ2　すきま時間を活用する

テストが早くおわったとき。
授業が早くおわったとき。
何かの作業のすきま時間に。

授業のあいまに、ふと子どもが何もすることがなくなる時間がありませんか。

そういう時間は、本を読むということをクラスのルールとして決めておきましょう。

1年中行うのがしんどい場合は「読書強化月間」などと名づけて、「すきま時間は読書」と伝えて取り組んでみるだけでも効果があります。

すきま時間は読書します

＊指導のコツ3　「読書1万ページの旅」への挑戦

　学力研（学力の基礎をきたえどの子も伸ばす研究会）を中心に広まった実践です。

　右のような記録用紙をつくり、毎日少しずつでも記録させていきます。

　ただ、目標もなく本が読めるのは本当に読書好きの子どもだけです。

　しかし、「1万ページ読もう」と目標を決めることで、スイッチが入ったように読み始める子どもがいます。

　そして、最初はスイッチが入らなかった子どもも、友だちがどんどん読み進めている様子を見て、少しずつでも読み始めるようになります。

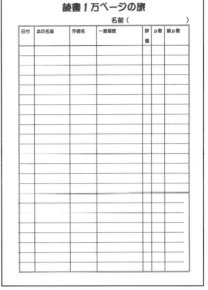

読んだ冊数での記録だと、うすい本をたくさん読む子どもも出てくるためページ数にしている

＊指導のコツ4　秘策「宿題：読書」

　私の経験上、もっとも効果が高いのは読書を宿題にしてしまうことです。

　最初は強制的でよいと思います。

　ただし、時間設定をしましょう。

宿題：読書5分以上

　この「以上」というのがポイントで、読みたくなったら子どもたちはどんどん読み進めます。

　そうやって、最初は強制でも、本のおもしろさを知る入り口となるのです。

　もちろん学校にいる間も読書をしますが、それ以上に家での読書というのは、自分の時間をもつことにつながる喜びがあります。

　保護者の方にも学級通信などでお知らせしておくとなおよいです。

　そうやって、学校でも家庭でも読書することで、読書に親しむ子どもが確実に増えていくのです。

① 読書を身近なものに感じられるようにしよう。

②「読書1万ページの旅」に旅立たせてみよう。

③ 宿題に「読書」を加えてみよう。

第2章 ＊ 小学校で育てる！国語のチカラ

4 読書を楽しむ②
～本で交流～

ねらい
読書は学力形成の肝であるとともに、子どもたちの人生を豊かにします。
本を通して、自分と向かい合い、自分の考えを深めていく経験をもっていることは、1つの宝だと考えます。
本への興味をかき立て、読書に向かうことができる2つの方法を紹介します。

＊指導のコツ1　ビブリオバトル（知的書評合戦）

本に親しむ方法は、アニマシオンを始めいろいろな方法があります。

ですが、特に高学年にお勧めなのが「ビブリオバトル（知的書評合戦）」です。

ビブリオバトルとはどのようなものでしょうか。

ちなみに、私は次の手順で行っています。

公式ルール
① 発表参加者が読んでおもしろいと思った本をもって集まる。
② 順番に一人5分間で本を紹介する。
③ それぞれの発表の後に参加者全員でその発表に関するディスカッションを2～3分行う。
④ すべての発表が終了した後に「どの本が一番読みたくなったか？」を基準とした投票を参加者全員1票で行い、最多票を集めたものを『チャンプ本』とする。

参考HP：http://www.bibliobattle.jp/

ビブリオバトルの手順例
① ビブリオバトルの紹介。教師の演示。子どもたちの本選び、本探し（1時間程度）
② 本の紹介の練習（1時間）
③ 自分と対戦しない相手とペアになって、より興味を引くような作戦を考える（1時間）
④ 準備が揃ったら、全体でビブリオバトルをする（1時間 or 2時間）

上記の方法で行う場合の適正人数は4～8人です。

一番最初の立ち上げのときには、そのた

めだけに国語の時間を数時間使います。

　やり始めで5分の発表が長いようなら、3分で行う「ミニ・ビブリオバトル」でもよいと思います。

　子どもたちが慣れてきたら5分の発表にしていきましょう。

　教師の最初の演示がうまくいくと、子どもたちが取り組みやすくなります。

　あらかじめ時間内に紹介できるように、しっかり練習しましょう。

＊指導のコツ2　まちライブラリー

　ビブリオバトルをすると、友だちの紹介した本を読みたくなる子どもが続出します。

　そこで、その本を教室に置いて小さな子ども図書館をつくるのです。

　礒井純充氏が提唱して始まった「まちライブラリー」という取り組みがあります。

　まちライブラリーとは、まちのカフェやギャラリー、オフィスや住宅などの一角に共通の本棚を置いて、そこにメッセージ付の「本」を持ち寄り、本を交換しながら「人」の縁をつむいでいく活動です。

　教室に子どもたちのお気に入りの本を寄贈してもらうのは難しくても、一定期間置いてもらうのは可能だと思います。

　始める前には保護者の方とも相談しましょう。

　やはり、「友だちが好きな本」という付加価値がついた本は、子どもにとって身近に感じられて、読みたくなるものです。

　「まちライブラリー」では、読んだ人がその本の感想をカードに書くようになります。

　教室内では紹介した子ども、そして読んだ子どもの顔がお互い見えることで、子どもたちの読書に対する興味はどんどん高まっていきます。

　さらに、本の紹介カードなどを書くようにすると、さらに子どもたちが本を読みたいと思うようになります。

　コツ1のビブリオバトルからまちライブラリーへの流れができると、子どもたちの読書への興味が高まっていきます。

本の紹介カード

注意して指導するポイント

① 本の世界を楽しむ方法を紹介しよう。

② 紹介カードでさらに読みたい気持ちにしよう。

③ 教室内に「子ども発」の図書館をつくろう。

第2章 ＊ 小学校で育てる！国語のチカラ

5 文章で表現する
～お題日記～

ねらい
多様な文章が書けるということは、「自分を表現する」という意味でもとても重要なことです。やはり、文章表現が豊かな子どもは、感情の機微も細やかで豊かであることが多いのです。
また、さまざまな場面で文章を書くことが、求められるようになっていきます。
多様な文章表現を獲得していることは、子どもたちにとって大きな武器になります。

＊指導のコツ1　設定を変えてみる

日記を書かせても、ともすれば簡単な「報告文書」でおわってしまうことがままあります。しかし、「設定」が変われば、そんな子どもたちの書く文章も変わってきます。

1 なりきり日記

具体的な例を挙げると「もしも自分がロボットなら」。これだけで、子どもたちのやる気と意識は変わってきます。

いろいろな設定を考えてみましょう。

- ・王様になったつもりで
- ・異性になったつもりで
- ・ミュージシャンになったつもりで
- ・総理大臣になったつもりで
- ・宇宙人になったつもりで　など

2 うそ日記

「今日ぼくは、アメリカでごはんを食べました」

このような書き始めからスタートしてみようと提案すると、なかなかおもしろい作文が出てきます。

子どもたちの想像力は高まり、それに応じて表現力も豊かになっていくのです。

ありふれた日常からの脱却が、多様で創造的な文章表現の入り口となります。

3 書き出しを指定する

書き出しを指定することで、日記の中身が激変することがあります。

- ・「今日一番びっくりしたことは」
- ・「ぼくのちょっとした悩みは」
- ・「みんなに聞いてもらいたいことがあります。」

その日の日記の書き出しをこう指定することで、子どもが読み手を意識した作文を書くようになります。

＊指導のコツ2　まねを奨励する

　子どもの日記を紹介し、「まね」をすることを奨励します。

　実は、子ども同士の「まね」は、効果が高いのです。

　子どもたちの日記からおもしろそうなところをどんどん紹介しましょう。

　こう書きなさい、といわなくても、子どもたちは勝手にまねをし始めます。

　その際に、「まね」をしてきた子どもを、よくほめます。それと同時に、まねをされた子どもも徹底的にほめます。その際に、子どもの名前で、○○式とかと名づけるとおもしろいです。

　子どもたちは、ともすれば「まね」されることを、すごく嫌がる傾向があります。

　しかし、「まねをされるのは最高の栄誉です。なぜなら、自分もああいう風に書きたいと思わせるほど、すばらしいからです」と、ことあるごとにいいましょう。

　そうやってまねをする文化を創り、まねをされるほど素晴らしいオリジナルを書くという意欲を生み出すことで、表現が豊かになり、文章に広がりをもつようになるのです。

＊指導のコツ3　視写を活用する

　さまざまな文章を視写（書き写し）させることも有効です。

　文章には、教科書によく出てくる物語文や批評文などだけでなく、紀行文、詩、報告書、企画書、記事などたくさんの種類があります。

　もちろん、写せば即そのような文章が書けるようになる訳ではありません。

　それでも、子どもたちのなかに少しずつではあっても、「よい文章の形」が確実に蓄積していきます。

視写ノート

注意して指導するポイント

① 楽しみながら書くことで、多様な表現に挑戦させよう。

② 子どもたちのよい文章は、積極的に紹介しよう。

③ 視写をして、「よい文章の形」を身につけさせよう。

第2章 ＊ 小学校で育てる！国語のチカラ

6 漢字①
～書く～

ねらい
漢字の読み書きは、必修事項です。
　教科書をある程度スムーズに読み進めていくためにも、漢字の読み書きができるかどうかは非常に重要な視点です。
　ここでは「漢字を書くこと」をより効果的に学習するための、ヒントを紹介します。

＊指導のコツ1　漢字学習4つの方法

私は漢字は国語の時間の最初の5～10分間で教えています。

1　漢字のポイントの紹介

・漢字の形
・漢字の読み（音読みはかたかな、訓読みはひらがなで教える）
・漢字の部首

「豆」を「一（いち）　口（くち）　ソ（そ）　一（いち）」というように分解して読んで覚える方法です。

2　全体練習

書き順は、声を出して確認します。
ポイントは体全体を使うことです。
「体を動かす」「声を出す」「耳で聞く」「目で見る」
書き順については、「いーち、に、さん、し」というように読みあげます。
あるいは、「下村式」のような覚え方もあります。

3　個人練習

以下のパターン①～③を順番にしていきます。

パターン①　指書き

最初は鉛筆を持たせず、ドリルの漢字を指でなぞらせます。
5回程度と数を決めて行いましょう。

パターン② なぞり書き

鉛筆でドリルに薄く書かれた漢字をなぞらせます。

パターン③ 手のひら書き

できた子どもから立たせて、手のひらに書かせます。

「10回書けたら座りましょう」と指示します。早く書けた子どもと、ゆっくりな子どもとの時間あわせの役割ももちます。

4 確認の空書き

最後に１度「空書き」で確認しましょう。

子どもが教師の方を向き、空中に大きく書くことで全員の書き順が正しいか、教師が確認することができます。

（向山洋一氏と野口芳宏氏の実践から）

くり返しますが、すべての活動で声を出すように伝えます。

そうすることで、間違って覚えてしまうことが格段に減ります。

＊指導のコツ２ 「前倒し学習」

単元ごとに出てくる漢字をその都度学習していく方法もありますが、私は「前倒し学習」を行っています。

前倒し学習とは、毎日何文字かずつ新出漢字を学習して、学習しおわったら、当該学年の漢字を残りの期間で復習するという方法です。

私の場合は、毎日２文字ずつ学習しており、高学年でも10月ごろにはすべての漢字学習をおえています。

そして、残りの約半年間は復習期間にあてています。

ただ、その日だけ学習したのでは当然覚えることができません。最低３日間は復習のために、翌日、翌々日と空書きでの復習と、小テストでの復習を行います。

そうやって、くり返しくり返し学習することで、確実な漢字力がついていきます。

① 短い時間でもよいので、いろいろな覚え方で確認しよう。

② 漢字学習をパターン化しよう。

③「前倒し学習」に取り組んでみよう。

第2章 ＊ 小学校で育てる！国語のチカラ

7 漢字②
〜復習〜

いくら上手に教えても、くり返して練習し、覚えなければ意味がありません。エビングの忘却曲線では、人間が覚えたことを忘れる様子がよくわかります。そこで、復習が必要になるのですが、最低3日間は同じものを復習することが必要だと考えます。
そこで、今回は次の方法を使って漢字の復習を行うことを提案します。

＊指導のコツ　**簡単漢字テスト**

宿題とリンクさせる

翌日行う簡単な漢字テストを、前日の宿題として毎日出しましょう。

何が簡単かというと…

① 子どもが覚えるのが簡単
② 子どもが確認するのが簡単
③ 教師がテストをつくるのが簡単

実際にはどのようなテストを行うのでしょうか。

右ページに5年生の学習漢字を例に紹介します。

たとえば初日に「情」と「現」という字を学習したとします。

初日に作成するテストは「情」と「現」を含んだ熟語2文字だけです。

2日目は「任」「際」、3日目は「態」「飼」……というように2文字ずつ増やしていきます。

実は、通常の漢字テストだとこの作り方では不十分です。前後の言葉がないと当てはまる漢字がいくつも思い浮かぶからです。

しかし、「ドリルに書いてある熟語を使っているよ」と伝えることで、使用する漢字は限定されます。

毎日2文字ずつ増えていくだけで、結局同じ漢字を5日間テストすることになり、どの子どもも書けるようになります。

テストを行う時間も短く、早い子どもだとていねいに書いても1分くらいでできます。逆に3分以上かかっても書けない子どもはしっかり覚えられていないので、「また明日ね」と、声をかけてそこで時間を切って答えを教えてしまいます。

答えあわせは、時間をあらかじめ区切っておき、その時間内に友だち同士でさせるとさらによいでしょう。

教師の丸つけの時間も減りますが、それ以上に子どもが「正解したい」「間違いたくない」と感じるので、より真剣に取り組むようになります。

またテストをつくる側も簡単です。私は表計算ソフトを使ってつくっていますが、2問ずつ必要なところを入れ替えていくだけなので、さほど時間はかかりません。

みんなが簡単。そして、よくできるようになるおもしろいテストです。

1日目

簡単漢字テスト スタート →

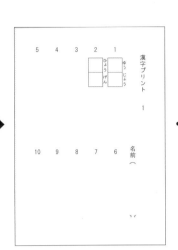

2文字ずつ増やしていく

……5日たつと…

5日目

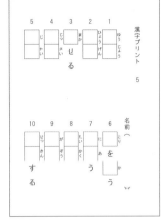

5日目ですべて埋まる → 6日目へ

6日目

5回練習した1日目の漢字を新出漢字に変える（5回練習する間にも使用漢字は変えずに、言葉だけを変えることも…） →

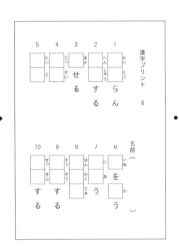

このように2問ずつ変えていく 最終日には…

最終日

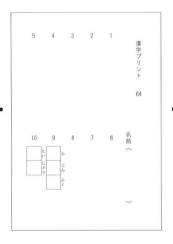

最後は2問のみ 次の日から総復習へ

注意して指導するポイント

① 復習を効果的に行って定着させよう。

② 宿題と漢字テストをリンクさせよう。

③ 漢字テストは同じ漢字をくり返し復習できるシステムにしよう。

第2章 ✱ 小学校で育てる！国語のチカラ

8 漢字③ 〜送りがな〜

ねらい 漢字練習をしっかりして、漢字そのものはよく覚えているのに、いざ文章のなかで使うときや、送りがなが必要なテストなどで間違えてしまうということはよくあることです。
送りがなを覚えるのにもコツがあります。このようなコツを子どもたち自身が知っているということが大きな力となります。

✱指導のコツ1　漢字テストは送りがなつきで

漢字テストは基本的には送りがなのついたものにするとよいでしょう。

もちろん、漢字だけ書かせる形式でも構いませんが、P.41の漢字テストを加工して、送りがなも書く形式にすると無理がありません。

新出漢字の学習を前倒し学習で行っていると、学年の後半に余裕ができます。

そこで、漢字学習をおえるのではなく、ぜひ11月以降は、復習の期間に入ることをお勧めします。

そこで、いろいろなパターンの漢字テストを行っていきますが、できれば同じものを何回かくり返しましょう。

そうすることで、漢字が苦手な子どもでもだんだんと覚えることができるようになってきます。

✱指導のコツ2　間違えやすい送りがなはインパクトを残す

送りがなが間違いやすい漢字はそう多くありません。

「現れる」「断る」……などなど。

そういう漢字はインパクトのある方法で1つずつ押さえていきましょう。

確かめる

たとえば、「確かめる」は次のように視覚的に押さえます。

子どもたちに確認するときにも、「ほら、亀、亀」というと、子どもも笑顔で思い出すことができます。

また、私はときどき黒板に次のように送りがなつきの漢字の問題を出します。

どれもテストや子どもたちが書く日記、作文のなかで実際に間違えていた問題です。

こうして、子どもの頭に少しでも「ひっかかる」ように押さえておくことで、間違いが少なくなります。

このように、テストで間違えやすい漢字、子どもが書いた文章で間違えていた漢字も、確認するとよいのです。

ポイントは何かに関連づけること。必要に応じて確認すること。

そうすることで、記憶に残りやすくするのです。

終わって
終って

分かる
分る

帰える
帰る

＊指導のコツ3　音読でも一工夫

教科書を音読する際にも、一工夫することで、子どもの頭に残りやすくなります。

簡単にいえば、漢字と送りがなを区切って読むのです。

たとえば、前出の「確かめる」。

音読のときには「たし・かめる」と少し区切って読みましょう。

よく間違えるようなら、何度かくり返します。

そうすることで、子ども自身が漢字と送りがなに注意を払うようになり、間違いも減っていきます。

注意して指導するポイント

① 送りがなつきの漢字テストも行うようにしよう。

② インパクトが残るように、さまざまな方法で提示しよう。

③ 音読や文章指導でも一工夫しよう。

第2章 ＊ 小学校で育てる！国語のチカラ

❾ 漢字④
～読み～

ねらい　漢字を読むことは書くことに比べれば難しくありません。しかし、何もしないで読めるようになるという訳でもありません。
何よりも、習っていない漢字も含めてたくさん読めるようにしておくことは、思いのほかこの先の生活のなかでも役に立ちます。より効果的に漢字の読みを覚えさせてあげましょう。

＊指導のコツ1　音読指導

　漢字の読みの指導の中心は、やはり音読です。文章の流れのなかで何度もくり返すことが重要です。

　教師の範読や連れ読みで読み方を教え、全体を何度も読ませるなかで漢字の読み方に触れさせていきます。

　ただし、新出漢字や既に習っているけれど間違えて読みがちな漢字については、連れ読みの際に、その部分だけ取り出して次のようにくり返し読むようにします。

　先生「お父さんが昨日出勤したときに、」
　子ども「お父さんが昨日出勤したときに、」
　先生「出勤」
　子ども「出勤」
　先生「出勤」
　子ども「出勤」。
　リズム良く、テンポ良く。

　文章を理解させるためだけでなく、漢字の読みを覚えさせることを中心にした音読指導も必要なのです。

＊指導のコツ2　部首・部分指導で予想が立てられる

　漢字の学習の際に、部首と、漢字の部分の指導は必須だと考えています。

　指導の際、その部首や部分がもつ「音」と、その漢字の「音」を対応させて確認することで、ほかの漢字の読みに対して予想する力がつくようになります。

鉱
コウ

鉱には「広」という部分があるね

*指導のコツ3　他教科での『学び合い』

　これは国語の時間に行うものではありませんが、他教科の学習を西川純氏（上越教育大学）の提唱されている『学び合い』で行うなかで、読みの確認をすることができます。

　特に高学年の社会科は、子どもたちにとって「読むのが難しい」と感じることが多く、読む力を鍛える目的で利用するのにも適しています。

　また、テストを返した後に、「全員で教え合って100点にして帰ろうね」と短い時間でも構わないので、『学び合い』に取り組ませることも有効です。

　ただし、「もう1回同じ問題を出したら、全員が100点をとれるように教えてね。でも答えだけ教えると、次もできないから、問題文を読んで、ヒントを出しながら解き方を教えるといいよ」と伝えます。

　国語以外のテストも、取り扱われる漢字は該当学年準拠（もしくは、前年度に学習する漢字に準拠）しています。

　問題を読むなかで、「これ何て読むの？」という会話が見られます。

　教師が一方的に読んで教えることはしないので、問題を解こうとするなかで子どもたちも「どう読むのかな」と、必要感をもって、近くの友だちにリラックスした雰囲気で聞けます。かなり効果が高い方法です。

*指導のコツ4　オプション指導

　『リズムでおぼえる漢字学習―小学校全学年』（清風堂書店）という書籍があります。

　これは各学年で習う漢字を7文字ずつお経のように読みやすく並べたものです。

　これをすきまの時間を使うなどして、くり返しリズムよく読むことで、漢字の読みの力をつけることができます。

　いろいろな方法を紹介しましたが、ここでは漢字辞典を使って読み方を調べる方法は紹介しませんでした。

　読み方を知りたくて辞典を引くのは、国語が苦手な子どもにとっては少し高度です。

　それより『小学漢字1006字の正しい書き方』（旺文社）などのような、小学校で学習する漢字にしぼった本を用意し、そこから探させるようにした方がよいでしょう。

注意して指導するポイント

① 音読指導、部首・部分指導などの「読む」ことを念頭においた指導をしよう。

② 他教科の教科書も活用しよう。

③ 「リズム漢字」を活用しよう。

第2章 ✳ 小学校で育てる！国語のチカラ

要点をまとめる

ねらい 本をよく読む子どもと、何が書いてあるかを正確につかむことができる子どもは違います。たくさん読んでいるはずなのに、テストだとなんだか読めていないなと感じることがあるのです。それは、その文章の大切なところ、つまり「要点」がつかめていないからです。
ここでは文章を正確につかむことができる「要点」をつかむコツを紹介します。

✳指導のコツ1　キーワードを見つける

子どもたちに「この文章全体のキーワードは何ですか？」と問いましょう。

文章のなかには、その文章を読むための重要なキーワードが存在します。

そこで、全体の文章のなかから、大切な言葉（キーワード）を見つける学習を取り入れてみましょう。

キーワードは1つだけということもありますが、2つ、3つある場合もあります。

タイトルとリンク

実は、キーワードは、タイトルとリンクしていることが多いのです。

なぜなら筆者が一番伝えたいことを一番端的に表しているのは、タイトル（題名）だからです。

また、各段落ごとに「キーワード」を見つけることも非常に効果があります。

それぞれの段落のキーワードが、それぞれの段落を表す「タイトル」だととらえると、その文章の内容がよくわかります。

タイトルを見ましょう

✳指導のコツ2　「簡単にいうとどんな話ですか？」

全体をざっくり見通したいときに、このように問うてみましょう。

そして、ノートに書かせてみます。

このとき、「一文で書きましょう」「簡単に書きましょう」などと書く量を指定してもよいです。

ノートを見ると思いのほか、子どもたちがさまざまな読み方をしていることに気づきます。

もちろん、その単元の目標が単に「おのおので文章を味わう」ならよいのですが、全体での交流も考えて行うならある程度筆者や教科書の編集者の意図に沿った、正確な読み方ができなければなりません。

たとえば、「ごんぎつね」で、「簡単にいうとどんな話か」と問われ「ごんがいたず

らものだという話」と答えるならば、その話の主題にはつながりづらいでしょう。

「この話はこうですよ」と教えてしまえば話は早いのですが、それでは、子どもたちに自分で要点をつかむ力はつきません。

「自分の考えをノートに1つ書いたら、黒板に書いてください」と伝え、子どもたちの考えを黒板に位置づけさせましょう。

そして、「どれが一番いいと思う？」と問い、その文を学級全体で吟味するなかで、その文章の要点がはっきりしてきます。

子どもたちは全体を読んでいるようでも、細かいところにとらわれていることが多いのです。

しかし、自分の考えを明らかにし、全体で吟味することにより、重要な箇所をとらえることができるようになります。

*指導のコツ3　「はじめ・なか・おわり」「起承転結」を教える

小学校の教科書に出てくる文章は基本的には次の流れで出てきます。

説明文は「はじめ・なか・おわり」つまり、「課題提示・例示や説明・結論」、物語文は「起承転結」という構成で書かれています。

説明文では、形式段落を「はじめ・なか・おわり」に分けさせる活動を特に積極的に行いましょう。

物語文の「起承転結」は、言葉で説明すると難しいのですが、新聞などの4コママンガを使って説明すると、子どもたちも理解しやすくなります。

基本が理解できていれば、イレギュラーも理解し、要点もつかみやすくなります。

注意して指導するポイント

① キーワードを見つけるクセをつけよう。

②「簡単にいうとどんな話ですか？」と問うてみよう。

③ 文章の構成をつかんで、要点をつかませよう。

第2章 ＊ 小学校で育てる！国語のチカラ

⑪ 要約をする

「要約は難しい」
　そう考えている子どもは少なくありません。しかし、要約の力をつけておくと、大学まで役に立ちます。
　私は４つのステップで要約することを教えています。

＊指導のコツ1　４つのステップで要約をする

　小学校の教科書に登場する説明文は、おもに次のような構成で書かれています。

> 話題提示・課題提示（はじめ）
> 例示・説明（なか）
> 筆者の主張・まとめ（おわり）

　通常、大切なことは、最後の「筆者の主張・まとめ」に書かれてあります。
　また、最初の「話題提示」に「筆者の主張・まとめ」がある場合もあります。
　基本的に筆者が一番伝えたいこと（主張）は例示・説明の部分には書いてありません。
　要約の基本はまず、「筆者が一番伝えたいこと＝大切なこと」が、どこに書かれてあるかを見つけることです。
　では、具体的に要約するための４つのステップについて説明します。
　ステップ①　話題提示と筆者の主張が書いてある段落を見つける。
　ステップ②　「筆者の主張」が書いてある段落から大切な文を１つ、もしくは２つ選ぶ。
　ステップ③　必要な部分だけ残し、なく

ても文意がわかる部分は削り取る。
　また、文を２つ選んだ場合は、指示語の指している部分と照らしあわせながら文を結合していく。
　その際に、「○文字以内で」と文字数を指定することで、「こんなに短く表せるんだ」と要約することのおもしろさを子どもが感じることがある。
　ステップ④　できた文とタイトルを照らしあわせ、整合性があるか確認する。

＊指導のコツ２　４つのステップの教え方

ステップ①　小学校で学習する説明文の基本的な構成は、読者に投げかけられる「話題提示・課題提示」と、それに対応する「筆者の主張」からできています。

通常、一番最初の段落で「話題提示・課題提示」が行われ、最後の段落（２つにまたがる場合も多い）で、筆者の主張がなされます。

その「筆者の主張」がどこに書かれているのかをまず探すのです。

ステップ②　「筆者の主張」が書いてある段落から、大切だと思う文を選びます。

ただし、筆者の主張は指示語を使っていくつかに分かれている場合があります。

その場合には、いくつかの文を選ぶことになります。

ステップ③　ステップ②で選んだ文を要約します。

要約ですから、もとの文章よりも簡潔に、短くする必要があります。

また、指示語を前の文にある言葉に置き換える作業も必要になります。

> 山に登ることは楽しいものです。そして、それは、人生の楽しさにもつながるのです。

前文であれば線を引いた指示語にも注目し、次のように要約を行いましょう。

> 山に登ることは、人生の楽しさにもつながる。

ステップ④　要約には文章のなかの大切な内容が入っている必要があります。

実はその一番大切な内容は、キーワードとして一番最初にやはり示されていることが多いのです。それはタイトル（題名）です。

要約ができたら、タイトルと照らしあわせてみましょう。

そこで、違和感がなければ要約は完成です。

① ４つのステップで要約にチャレンジしよう。

② 答えの文、段落を見つける手立てを教えよう。

③ タイトルにも注目するようアドバイスしよう。

第2章 ＊ 小学校で育てる！国語のチカラ

⑫ 辞書引き

辞書を使うのは基礎的な学習技能です。この技能が身についていると、卒業後も辞書を引けるので、子どもたちの学習の助けになり、1人で勉強する際にも大きな武器になります。
辞書がすらすら引けるようになるには、まず使っていくことが大事です。そして、辞書は便利なものだと子どもに思ってもらうことです。

＊指導のコツ1　辞書を日常化する

1　辞書を手元に置く

日常的に辞書を引くことができる習慣をつけるためには、日常的に辞書が手元にあるのが当たり前にしておきます。

机の上に常に置いておく。手提げ袋に入れて、いつも机の横に置いておく。

そんな方法が考えられます。

2　辞書や辞典を教室に置く

辞書を引くことは、ほとんどの子どもにとっては日常的なことではありません。

そこで、子どもの目に入るところに辞書を置いておくことをお勧めします。

私の教室には、国語辞典が3種類（広辞苑を含む）、漢字辞典、英和辞典、和英辞典、アクセント辞典、ものの数え方辞典、古語辞典があります。

もちろん、昔と違ってインターネットが使える環境の教室も多いでしょう。

また、スマートフォンをもっている先生も多いと思います。

しかし、あえて「紙の辞書や辞典を引く」ということを、子どもたちに視覚的にアピールすることは、辞書を引くことを日常化させるためには大切なことだと思います。

置いておけば、子どもが必要に応じて「貸してください」といいに来ます。

3　教師が辞書を引くモデルとなる

教師自身が教室に常備した辞書をことあるごとに使います。

ちょっとした言葉の使い方や、文字の使い方など、子どもの目の前で先生が辞書を引く姿を見せましょう。

こうして、「辞書を引くのは当たり前」だという雰囲気をつくり出していきます。

＊指導のコツ2　教科に関わらず取り入れる

辞書はすべての教科で引きましょう。

辞書ばかり引く訳にはいきませんが、すきまを見つけて、「この言葉ってどういう意味だっけ？」と子どもたちに引かせます。

調べた後は全員に発表させる必要はありません。

速く引けた子どもに発表させることで、「もっと速く引けるようになりたい」という意欲を高めることができます。

短い時間で行うからこそ、日常的に辞書を引くことが可能になります。

＊指導のコツ3　ポストイットを使う

深谷圭助氏（中部大学）の実践で有名になった方法です。

効果は絶大です。

・ポストイットを子どもに配る。
・気になった言葉を調べ、ポストイットにその言葉を書いて貼らせる。

やり方はたったのこれだけですが、「目に見えて増える」というのは子どもにとって嬉しいものです。

授業時間以外でも調べて「先生、増えたよ」といいに来る子どもも出てきます。

注意して指導するポイント

① 辞書を引くことを日常化しよう。
② 辞書を引くことが目に見えるようにしよう。
③ 楽しくなる活動を取り入れよう。

第2章 ＊ 小学校で育てる！国語のチカラ

⑬ 国語テストの答え方

国語のテストの答え方にはセオリーがあります。そのセオリーを知っているかどうかで、国語のテストを楽しめるかどうか決まってきます。
そのセオリーのポイントは『ミッケ！』です。
このセオリーを知ることで、子どもたちが楽しんで取り組むことができます。

＊指導のコツ1　国語は『ミッケ！』だ！

正確には現在の「国語のテスト問題の8割〜9割は、絵本の『ミッケ！』（小学館）のように本文中から答えに対応する部分や言葉を見つけると答えがわかる」です。

『ミッケ！』とは、写真のなかに隠されているいろいろなものを見つけていく絵本で、その人気からシリーズ化されています。

国語のテストの答えは、自分の頭のなかで考えて書くと思い込んでいる子どもが少なからずいます。

『ミッケ！』シリーズ最新刊

しかし、国語の「基本」は本文のなかに書いてある言葉を正確に読み取ることです。

そして、テストで問われている問題の多くは、<u>問題文に対応した言葉を本文中から探し、それをもとに答えを書くことが基本</u>となります。

具体的な例を右に紹介します。

1　だれを問う問題

「馬から落ちたのは、だれですか」を問う問題があったとします。

探すのは、もちろん「馬から落ちた」という言葉です。

その近くから、「だれ」に該当する部分を抜き出して答えるのです。

2　なぜを問う問題

「山田さんが家に帰ったのはなぜでしょう」

ここで文章中から探す言葉は「家に帰った」です。

その近くから、「なぜ」に該当する部分を抜き出して答えるのです。

3　作者が一番いいたいことを問う問題

作者の一番いいたいことが書いてある可能性が高いのは、基本的には2カ所です。

「最初の段落」か「最後の段落」です。

もちろん例外はありますが、基本的にはこの2カ所。

そして、タイトルに使われている言葉や、くり返されている言葉が使われている文を見つけるのです。

*指導のコツ2　市販のプリントを活用する

　コツ1のような答え方を教えるためには、教科書よりも問題集を利用して教えていくとよいでしょう。

　たとえば、『小学国語習熟プリント』(清風堂書店)は各学年ごとに必要なことがまとめられているのでお勧めです。

　このようなプリントは、それぞれで子どもにさせてもよいですが、まずは全員で問題文を読みながら一緒に『ミッケ！』をしてみましょう。けっこう楽しいですよ。

小学1年生～6年生まで計6冊発行で教科書教材も収録されている

*指導のコツ3　読み方のセオリー

　子どもたちはコツ1の「国語は『ミッケ！』だ！」を教えていても、ともすれば、最初に本文すべてを読んでから問題を解こうとします。

　しかし、それでは問題を解くのに時間がかかり過ぎてしまうのです。

　そこで、テスト問題を読むうえでのセオリーを教えましょう。

> まず、問題文を読んで、本文でその文に関係があるところだけを読むこと。

　これを徹底するだけでも、子どもは目的をもって読むことができるようになり、時間も短縮できるようになります。

まずは問題文を読むと…

そういうことか！

注意して指導するポイント

① 「国語」は『ミッケ！』だと教えよう。

② プリント集などを利用して、コツをつかませよう。

③ まず本文ではなく問題文を読むことが大切だと教えよう。

第3章

小学校で育てる！
算数のチカラ

「できたか、できないか」が一番わかりやすいのは「算数」です。また「できるか、できないか」が「好き、嫌い」に直接つながりやすいのも「算数」です。
子どもたちが「できる」ようになるヒントを示し、より豊かな学習の基礎となる力をつけていきましょう。

第3章 ＊ 小学校で育てる！算数のチカラ

① 基礎計算①
〜100マス計算〜

ねらい 子どもが自分は計算ができると思える最大のポイントは「スピード」です。
また、高学年になると計算が複雑になってきますが、実は基礎的な簡単な計算の組みあわせに過ぎません。その基礎的な計算が速くて正確であればあるほど、計算が得意になります。本項では、基礎計算が速くなるある意味「鉄板」ともいえるコツを紹介します。

＊指導のコツ　100マス計算で鍛える

100マス計算のやり方を簡単に紹介します。
① 右のようなマス目を入れたB5程度の計算用紙を使う。
　プリント集を活用するとよいです。
② 左のマスの数字に、上のマスの数字をかける。
　例：左上から「2×9」「2×3」「2×0」……と
　計算していく。
　答えはそのマス目が交差したマスに書く。
③ 時間を計る。
　例として示したのは、かけ算ですが、たし算、ひき算でもできます。ひき算は下のように、2ケタから1ケタをひく形になります。
　ほかにも左利き用に、左の数字を右端にも入れたものがあります。

100マス計算（かけ算）

×	9	3	0	1	6	2	8	5	7	4
2	18	6	0	2						
5										
7										
0										
1										
6										
4										
9										
3										
8										

100マス計算（ひき算）

−	15	12	11	19	10	17	13	16	18	14
3										
8										
4										
1										
5										
9										
2										
6										
7										
0										

100マス計算（たし算）

＋	9	3	0	1	6	2	8	5	7	4
2										
5										
7										
0										
1										
6										
4										
9										
3										
8										

さて、この100マス計算を行っていくうえで5つのポイントがあります。

1 最初は10マスから

100マス計算は子どもによっては問題が多過ぎると感じる場合があります。

そこで、まずは次のような流れでマス計算に慣れさせることをお勧めします。

> ① 10マス計算（10問）
> ② 64マス計算
> ③ 100マス計算

64マス計算はしなくても構いません。

10マス計算（かけ算）

×	3	4	7	6	2	9	1	5	0	8
9										

×	3	4	7	6	2	9	1	5	0	8
5										

×	3	4	7	6	2	9	1	5	0	8
2										

×	3	4	7	6	2	9	1	5	0	8
4										

2 時間の目標、期間の目安

子どもたちには、時間の目標を伝えましょう。達人たちは1分を切りますが、3分を切れば合格と伝えましょう。

しかし、ずっとやり続けると子どもたちも飽きがきて、タイムの縮み方もゆるやかになってきます。

そこで、あらかじめ期間を決めておきます。2週間〜1か月間が1つの目安です。

3 1日2回が向上の秘訣

1日1回よりも2回の方が力は向上しやすいです。学校で2回行うのもよいですし、学校で1回、宿題で1回というようにしてもよいでしょう。

4 問題は同じでよい

並んでいる数字は変える必要はありません。同じ問題のままでも十分力がつきます。

試しに、慣れたころに数字を入れ替えてみてください。それほどタイムは変わりません。

5 友だちと比べず、昨日の自分と勝負

教師も子どももどうしても計算の速い子どもに目がいきがちです。そのせいでせっかくタイムが縮んでも、やる気や自信がなくなってはもったいないですよね。

そこで、教師が毎回「昨日の自分に勝った人？」と挙手で確認しましょう。1秒でも速くなればちゃんと成長しています。そうやって一緒に喜びながら進歩していきましょう。

100マス計算は続けることでだれでもタイムが縮んでいきますが、ときに1年生や2年生の計算でつまずいて、伸び悩む子どもがいます。

そういう場合は思い切って1年生の内容から計算のやり方を教え直すと、一気に伸びることがあります。

① まずは10マス計算に取り組んでみよう。

② 1日2回取り組んで、全員向上させよう。

③ 同じ問題でも効果は変わらないので、どんどん取り組もう。

第3章 ＊ 小学校で育てる！算数のチカラ

② 基礎計算②　〜100わり計算〜

>
>
> 100マス計算で、たし算、ひき算、かけ算の基礎計算はバッチリ。
> しかし、わり算は？
> 実は、100マス計算のようにわり算も習熟できるのです。
> また、すきま時間で計算力を鍛えることのできる方法も紹介します。

＊指導のコツ1　100わり計算で鍛える

　基礎計算のなかで一番難しいのは、「あまりのあるわり算」です。

　この計算を鍛えるのに、ぴったりなのが学力研が提案する「100わり計算」です。

　この取り組みは、九九1回で解けるわり算をして、わり算の習熟をはかるものです。

　九九1回のわり算は全部で460題。わり切れるものが90題（A型）、あまりのあるわり算でくり下がりのないものが260題（B型）、あまりのあるわり算でくり下がりのあるものが100題（C型）です。

　特にこのC型が難しいのですが、『上級算数習熟プリント小学3年生』（清風堂書店）などを利用して習熟させましょう。

　これらのわり算がそれぞれ分類されていて使いやすいです。

　やり方は簡単。100マス計算と同様に、2週間〜1か月間程度、時間を計って取り組みます。

　ただ、この100わり計算はかなり難しく、苦手な子どもが嫌がることがあります。

　そこで、次のように段階を追って計算に取り組むようにしましょう。

> ① あまりのないわり算50問（A型）
> ② あまりのあるわり算50問（B型）
> ③ 100わり計算　　　　　　（C型）

　私は、①と②それぞれ2週間ずつを目安にしています。ただし、目標タイムを「3分以内」とし、全員が2週間より前に達成したら次の段階に進んでいます。そして、③は2週間〜1か月間程度取り組みます。

　すると、速い子どもは1分を切るようになり、5分以内でできるようになると日常的な計算問題ではあまり困らなくなります。

　もちろん、全員ができるまで取り組ませてもよいのですが、差が大きいときは速くおわった子どもが待つことになり負担が大きくなります。

　そういうときは、5分で時間を切り、何問できたかを把握させて全部できなかった子どもにも成長を実感させます。

　この取り組みも、100マス計算と同様に1日2回行うと効果が高くなります。

*指導のコツ2　「裏技」エレベーター計算

　同じく学力研の実践に「エレベーター計算」というものがあります。

　これもやり方は簡単。たし算の場合、まずは最初の数字を決めます。それを筆算で10回たします。

　10回たしたら、答えはいくつでしょうか。もちろんですが正解は、もとの数の10倍になるのです。

　これなら、教師が答え合わせをしなくても、子ども自身で正解か、どこで間違えたかが自分でもわかります。

　ひき算の場合は、最終的に答えを0にするので、一の位が0の数を選んで計算しましょう。

　たとえば、「360」から始める場合は、そこから0をとった数、「36」を10回ひきます。答えは当然0になります。

　このエレベーター計算は、すきま時間の有効な活用になります。

　100マス計算や100わり計算が速くおわった子どもに対して、そのプリントの裏で計算させるようにするとよいでしょう。

　その子どもたちにも「今日は何問できたの？」と問いかけ「これも増えたね」と一緒に喜ぶことで、さらにやる気を引き出すことができます。

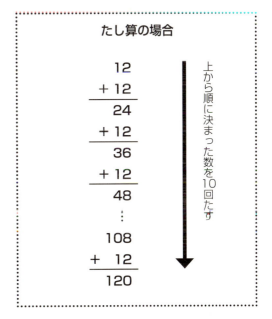

たし算の場合
上から順に決まった数を10回たす

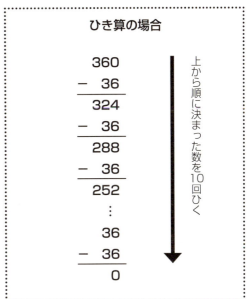

ひき算の場合
上から順に決まった数を10回ひく

注意して指導するポイント

① 100わり計算に取り組んでみよう。

② 段階的に取り組むことで、無理なく進めよう。

③ すきま時間の活用に、エレベーター計算をしよう。

3 基礎計算③ 〜さかのぼり学習〜

ねらい 計算が苦手で自信を失ってしまっている子どもがいませんか。
過去の問題につまずいていて、途中からわからなくなっていることがよくあります。
しかし、1年生のときにわからなかった問題も、高学年になれば理解は簡単です。
そのような子どもには「さかのぼり学習」がとても効果的です。

＊指導のコツ1　さかのぼり学習

　計算が苦手な子どもをよくよく気をつけて見ていれば、低学年の辺りからつまずいています。
　「これじゃ、○年生の学習は教えるのが大変だぞ」と思われる先生もいらっしゃるでしょう。
　ただし、ちょっと待ってください。
　高学年の子どもであれば、もう1度下の学年のつまずいているところまで戻って学習し直しさえすれば、かなり短時間で理解し、習熟できるはずです。だって2年生の問題を6年生が解くのですから、そんなに難しい訳はありません。
　そして、過去のつまずきが解消されることで、高学年の問題を解く足場ができます。

＊指導のコツ2　12種類のプリントで苦手退治！

　小学校段階での計算を大きく2つに分けるとすれば、「整数・小数の計算」と「分数の計算」に分けることができるでしょう。
　ここでは特に多くの子どもがつまずいている「整数・小数の計算」にしぼって、説明していきます。
　小学校段階での「整数・小数の計算」では、5年生で学習する「小数のわり算」が最難関だといえます。
　ただし、小数のわり算ができないからといって、それだけを集中的にくり返し学習したとしても、それが難しい子どもにとってはできないままのことが多いものです。

　それは、それまでに学習した基礎的な計算から理解できていないこと。あるいは、すらすら解くことができないこと、などから「小数のわり算」をするところまで計算力がたどり着いていない、というケースが多々見られるからです。
　逆にいえば、つまずいているところを解決し、そこがすらすら解けるように習熟してから苦手な問題などに取り組めば、あれほど難しかった計算も多くの子どもができるようになるのです。
　そこで、次のページの表のように段階を追って学習し直します。

計算の12段階
① たし算、ひき算、かけ算100マス
② たし算、ひき算の筆算
③ かけ算の筆算（1桁、2桁、3桁）
④ 2桁×1桁のかけ算（筆算なし）
⑤ あまりのないわり算
⑥ あまりのあるわり算
⑦ 分数のたし算、ひき算（通分約分なし）
⑧ 小数のたし算、ひき算
⑨ 小数のかけ算
⑩ わり算の筆算（わる数が1桁）
⑪ わり算の筆算（わる数が2桁）
⑫ 小数のわり算（筆算）

この表のように計画的に復習をすることで、確実に習熟していくことができます。

特に学年当初は、基礎問題から取り組ませ、できるようになった後も数回くり返して、苦手意識を取り除いてあげましょう。

ただ、これだけの学習を高学年の指導のなかにどのように入れ込んで、取り組むのかに頭を悩ませることもあるでしょう。

1 市販のプリントを利用する

ここに挙げたすべてを、自作の問題で行うのは、日常指導としては無理があります。

そこで、市販のプリントを利用します。

1年生から5年生までのプリント集から基本的な問題のみを抜粋し行います。

2 宿題に出し、テストを行う

さかのぼり学習は、あくまでも既習学習の確認ですから「すらすらできるかどうか」にこだわりましょう。

「明日、同じ問題をテストに出すからね。」と予告してテストと同じプリントを前日の宿題として出し、テストを行うのです。

そうすることで、苦手項目の確認は僅かな時間でおわります。

3 苦手を見つける

本当に苦手な子どもは、宿題と同じ問題をテストしても、つまずいてしまいます。

「時間がたりないから」という子どももいますが「ここでは、すらすら解けるかどうかが知りたいんだよ。」と伝え、短時間での確認にこだわりましょう。

1度に長く時間をかけるよりも、何度もくり返した方が確実に力がついていきます。

もし、学級全体の子どもが苦手な問題があれば、迷わず時間をとって全体で学習しましょう。

そうして計算の力をつけておけば、後の学習でそれくらいの時間を取り戻すことは可能です。

数人だけが苦手な場合は、空いている時間を使っての個別指導をします。

ここまでしても苦手な問題については、時間をおいて再度取り組むとよいです。

そうやって、取り組み続けることで、後の学習の基礎となります。

また、苦手な計算が出てきたときにも、教師がそれぞれの苦手を把握しておけるので、その支援もしやすくなります。

注意して指導するポイント

① 高学年の頭で過去のつまずきを解消しよう。

② 段階的に取り組むことで、苦手を克服しよう。

③ 遠回りのように見えて、実は近道だと知ろう。

第3章 ＊ 小学校で育てる！算数のチカラ

４ アルゴリズムを覚える

ねらい
高学年になると、計算が一見複雑になったように見えます。
しかし、小学校の計算問題で最高難度の「小数のわり算」も分解してみれば、簡単な計算の組みあわせです。そしてその組みあわせのくり返しです。
計算のしくみを単純化すれば、苦手な子どももすんなり計算に取り組めるようになります。

＊指導のコツ１　アルゴリズムは歌にする

たとえば、わり算の筆算。
「商を**立てる**」「わる数と商を**かける**」「上の数から**ひく**」「**おろす**」そして、また「商を**立てる**」……のくり返しです。
このくり返しを簡単な言葉にして「アルゴリズム」にするのです。
「アルゴリズム」とは、「問題を解くための方法や手順」のことです。
わり算の筆算の手順を①「立てる」、②「かける」、③「ひく」、④「おろす」の４つで表します。

$$343 \div 7$$

この式を先程の①〜④の順に分解して図にします。

①たてる
　　　　４
７）３４３
②かける　－２８
③ひく　　　６３　④おろす

そして、リズムに乗せることでさらに覚えやすくなるのです。

たとえば「１人２人３人……」などのリズムに乗せて「立てる」「かける」「ひく」「おろす」「立てる」……これで筆算できあがり、と歌うのです。
この方法は、ほかの計算にも応用が可能です。
ぜひ、先生方で工夫して、たくさん歌にしてアルゴリズムを覚えさせてください。

62

*指導のコツ2　ラップのリズムに乗せて

何度かくり返して唱えるのは、公式を覚えるときには有効な方法です。

ただし、ただ唱えさせるだけだと味気ないものです。

そこで、アルゴリズムや解き方をラップ調にします。

ここでは「速さ」の公式をラップ調にする実践例を紹介します。

> 速さと道のり、じ・か・ん
> 速さは、道のりを時間でわる
> 道のりは、速さに時間をか・け・る
> 時間は、道のりを速さでわる
> 「は・み・じ」は「わるかけわる」
> 「み・じ・は」で「わるかけわる」
> 魔法の呪文、「は、み、じ〜」

教師がリーダーとして唱え、子どもたちが復唱するという形で行います。

上の歌詞に抑揚をつけ「ヨー」とか「チェケラッチョ」とか、それっぽい合いの手を入れるとよりラップぽくなり、子どもたちは喜んで唱えるようになります。

公式は教室に掲示し、それを見ながら「わる」のときは手を横にして、グーをその下につけたり、「かける」のときは、手をバッテンにしたりするなど動作をつけると記憶に残りやすくなります。

公式はその単元の学習中は基本的にずっと掲示しておきます。

子どもがおもしろそうと思ったらしめたものです。何度も何度もラップをくり返し、同時に何問も問題を解かせましょう。

その際には、難しい問題ではなく、公式に当てはめれば簡単にできるものの方が適しています。

もちろん、どうしてそうなるのかという計算のしくみや考え方を教えることはとても大切です。

しかし、1度理解できたのなら、後は問題を解くために公式を丸暗記してしまうのも、1つの手です。

注意して指導するポイント

① 計算手順や公式は「アルゴリズム」にして覚えよう。

② アルゴリズムを歌にしてみよう。

③ 公式はラップ調にして動きもつけてみよう。

第3章 ＊ 小学校で育てる！算数のチカラ

5 計算を理解する

「計算の仕方がわからない」子どもたちからそういった声が聞かれるときがあります。しかし、小学校段階の計算はしくみがわかり、後はたくさん問題を解けば何とかなるものばかりです。では、説明をできるだけ少なくし、計算のしくみを理解させるためにはどうしたらいいのでしょうか。それは「ワークシート」の効果的な使用にヒントがあります。

＊指導のコツ1　ワークシートでスモールステップを示す

たとえば、「38 × 24」のような2桁×2桁の問題。

大人からすると簡単なようで、ここでとまどっている子どもは案外多いのです。

しかし、ワークシートを使って今からする計算の桁数を明確にし、順序立てて計算することで、理解できていきます。

そして、教師と子どもが同じ場所を確認しつつ解いていくことで、スモールステップでの学習をより容易にしていくのです。

たとえば、38 × 24 を解く際は、
「何の位から計算するのですか？」
「一の位の数字をいいましょう」
「十の位の数字を指で隠しましょう」
「最初にする計算は、何かける何ですか？」
「右の『一の位』のところに4 × 8と書きましょう」
「十の位の最初の計算は、2かける8ですか？」
「20かける8だから、一の位のところには何も書かず省略するのですね」……

などというように、順を追って一緒に解いていきましょう。

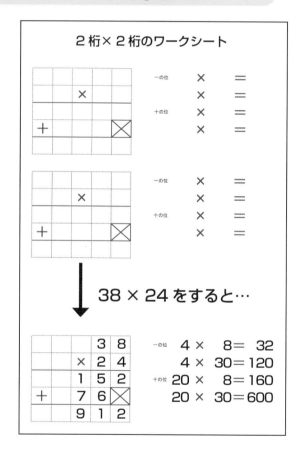

*指導のコツ2　筆算こそワークシート

　筆算の理解や習熟には、「マス目」が必須です。近頃は、市販のワーク集にもマス目が入っているものが出てきました。

　特別な支援が必要な子どもにとって、マス目があるかないかは結構大きな問題ですが、そうでない子どもにとってもあると理解の助けになります。

1　子どものノートをワークシートにする

　最終的にはノートに問題を解かせるようにしたいのです。

　そう考えると、最初からノートのマス目をコピーしたものに問題を書いてワークシートを作成してはいかがでしょうか。

2　解いていればわかるシート

　低学年のときに学習しているのに、実はかなりの割合で本当は理解できておらず、定着していない問題が次の問題です。

```
1001 － 5
```

　このようなくり下がりが何度も出てくる問題は子どもたちが混乱しますが、次のくりくりシートを使って、順番に計算していくと、子どもたちはすっきり理解できます。

　「1000からくり下げる。900と100に分けるから、百の位に9と1を書いて、9はそのままおろす」

　「十の位にもくり下げる。90と10に分けるから、十の位に9と1を書いて、また9をおろす」

　「10と1をあわせて11。そこから5をひくと、答えは6」

　ここでも教師の言葉と、リンクさせながら解くことで、大きな効果を発揮します。

くりくりシート

千の位	百の位	十の位	一の位
	9	9	10
1	0	0	1
	↓	↓	5
	9	9	6

① ワークシートを効果的に利用しよう。

② 筆算の学習にワークシートを活用してみよう。

③ スモールステップを意識したワークシートをつくろう。

第3章 ＊ 小学校で育てる！算数のチカラ

6 分 数

分数の計算自体はさほど難しくありません。難しいのは、通分、約分です。
しかし、子どもたちのなかには「分数の計算は難しい」と感じている子どももいます。頭のなかで、いろいろな分数の計算が混在しているから「わからない」と思っているようです。高学年だからできる分数の計算の完全理解のコツを紹介します。

＊指導のコツ1　すべて並べる！

1 分数の意味を理解する

分数の計算でよく見られる間違いは次のようなものです。

$$\frac{1}{3} + \frac{1}{4} = \frac{2}{7}$$

つまり分数というものが『「1」をいくつかに分けて表したもの』という基本的な意味を理解していないのです。

しかし、分数の意味を最初に習うのは2年生です。図に示しながら、分数は「1」をいくつかに分けた何個分という基本的なことを教えましょう。

短い時間でも構わないので、単元の初めに復習しておくととても効果的です。

2 分数の計算を比較する

高学年だからできる学習方法です。

分数のたし算、ひき算、かけ算、わり算すべての計算を下の板書のように並べてみましょう。比較することで、その違いがはっきりします。

このようにすると、たし算、ひき算は分母が変わらないこと、かけ算、わり算は分母が変わるということが一目でわかります。

私たちが考えているよりも、子どもは分数の四則計算を混乱して理解しています。

しかし、少し整理することで子どもたちの理解は確実なものになっていきます。

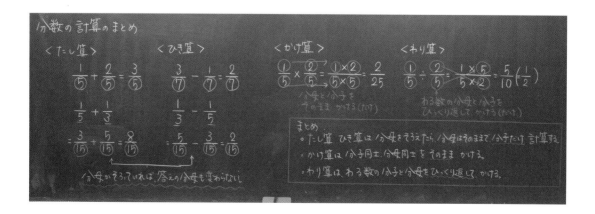

指導のコツ2　理屈は後で

算数の専門家には叱られそうですが、「計算の意味はよくわからないけど、とりあえず計算はできる」ようにしておくことはとても重要です。

説明は難しいけれど計算が簡単な問題は、まず子どもに「できる」と感じさせる方が現実的です。

特に分数のかけ算、わり算については、意味を理解させるより先に、計算を先に教えてみましょう。

すると、子どもたちは「簡単！」と声をあげると思います。

そうです。分数のかけ算とわり算の計算そのものって、とても簡単なのです。

なぜなら、計算することだけを考えれば、分数のかけ算は、分母同士と分子同士をかけあわせるだけ。分数のわり算は、わる数の分母と分子をひっくり返した後に、分母同士と分子同士をかけあわせるだけなのですから。

どんどん解く機会をつくって、とりあえず計算は得意といえるようにしておきましょう。

そうやってやり方を教え、どんどん問いを解けるようにしておいてから、図を用いて分数の意味を説明して同じ答えになることを確認します。すると、「ああ、そういうことか」と理解しづらかった子どもも納得しやすくなるのです。

また、最初に難しい説明をしたがために、「わからないからやりたくない」という考えの子どもが生まれることがよくあります。

「説明は後からでいい」

自転車には乗れるけど、自転車が進む理屈を知らない人、説明できない人はたくさんいます。

逆に乗れるようになってから、説明をしたり、自分で考えたりすると、実感をともなって理解しやすくなるものです。

分数のかけ算やわり算は、そのような「逆方向」の学習が非常に効果的です。

まず、問題を解けるようにする。

簡単だと感じさせる。

そのうえで、「しくみ」を理解させる。

もし、最終的にしくみが理解できなくても、計算そのものができるようになっているだけでも、意味はあると考えています。

注意して指導するポイント

① 分数は「1」をいくつかに分けたものであることを確認しよう。

② 分数の計算は、四則計算を並べて比較して確認しよう。

③ とりあえずできるようにしてから、理屈を理解させよう。

第3章 ＊ 小学校で育てる！算数のチカラ

7 通分

ねらい

分母を揃えて行う分数のたし算ひき算は、「2桁でわる小数のわり算」に次いで小学校段階での難しい計算です。
しかし、本当に難しいのは、分数そのものではなく、「通分」なのです。
「通分」さえ制覇しておけば、分数の計算は恐れるにたらずです。

＊指導のコツ1　奇数と偶数は確実に理解を

奇数と偶数の理解を確実にします。
特に「2とび」（2ずつ数える）で数を何度も数えることで偶数を見つけ、「2でわることができる」ということを理解しておくと、約分のときにも役に立ちます。
私は、百玉そろばんを使って、くり返し練習しています。目と耳の両方で確認できるのでおすすめです。

＊指導のコツ2　頻出公倍数は徹底的に！

通分の基本となるのが、公倍数です。
公倍数を理解すれば、下の図のように分母にかけた数と同じ数を分子にもかけるだけなので、通分はそれほど難しくないです。

$$\frac{1 \times 4}{3 \times 4} + \frac{1 \times 3}{4 \times 3} \quad \substack{\text{同}\\\text{じ}}$$
$$= \qquad =$$
$$\frac{4}{12} \quad + \quad \frac{3}{12}$$

① 3と4の公倍数「12」を求める
②「分母×○＝12」となる数も求める
③ 分子にも②の○の数をかける

また、教科書に出てくる通分のパターンはそれほど多くありません。2から9までと、10、12、15の数の組み合わせがほとんどです。
私が調べたところ、頻繁に出てくる公倍数のパターンは「2と4」「3と4」「3と5」「3と6」「4と6」「5と6」「6と8」の7つ程度でした。
この辺りの頻出パターンを中心に、くり返し何度も練習することで、効率よく通分を理解し、習熟していくことができます。

✳︎指導のコツ3　3つのプロセス

「3と8」の公倍数を例に説明します。

1 大きい方の数に注目する

子どもに「大きい方はどちら？」と問います。もちろん「8」です。

2 大きい方の倍数を考える

「8」の倍数を考えます。九九を唱えながら確認すると、倍数を発見しやすくなります。

たとえば、「八一が8」「八二、16」「八三、24」

ここで子どもは「あっ」といいます。

「3がある」

「24」がこの場合、公倍数になります。

3 書いたものから、公倍数を見つける

たとえば、「3と6」などでは、6が公倍数になります。1つずつかけていって「三六、18」まで待つ必要はありません。

教師が、3の倍数を15くらいまで書き、「もうあるんだよ」といってそれに○をつければよいだけです。

```
3 ⑥ 9  12  15
```

これを黒板に書きながら確認していきます。九九を唱えていくだけなので、子どもたちには負担になりません。

しくみを教えたら、何度も何度も黒板に問題を出してくり返す。それもかなり速いスピードで。

理解した後は、プリントなどで何問も解くように指示します。

ここでは、片方の数字を中心に求める方法を説明しましたが、オーソドックスに2つの数字を並べて併記する方法も、子どもによっては理解しやすいようです。

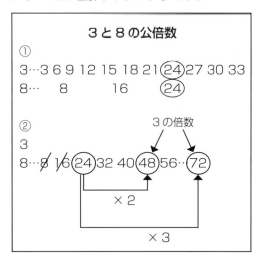

両方を紹介したうえで、自分にあった方法を子どもに選択させることが大切です。

注意して指導するポイント

① まずは、奇数と偶数の理解を確実にしよう。

② 頻出公倍数を徹底的に学習しよう。

③ 3つのプロセスで解かせてみよう。

第3章 ＊ 小学校で育てる！算数のチカラ

　約　分

　約分は教える時間は短いわりに、その後当たり前のように何度も登場します。
しかし、約分はコツさえつかめば難しいものではありません。
簡単に理解し、何度もくり返すことで、すらすらできるようになります。
約分を簡単に理解し、習熟させるコツを紹介します。

＊指導のコツ1　約数はコンビで見つけさせる

まず約数の求め方ですが、これはそれほど難しくありません。

しかし、ミスをすることも多いので、「コンビをつくろう」と教えます。

コンビとは、たとえば8を2つの数の積で表すと、「1×8」「2×4」などになります。この「1と8」「2と4」がコンビになり、そのコンビの数字をかけると、もとの数になります。

子どもに問いながら次のように確認しましょう。
「8の約数、1では？」「われます」
「2では？」「われます」
「3では？」「われません」
「4では？」「われます」
「2×4＝8でコンビ」

このようにして、後はコンビを見つけるだけです。

9の約数については、「1、3、9」なので、「3は1つでコンビだね」と1つの場合も定義します。これは、約数がもれないようにするのが目的ですが、慣れれば約数を半分見つければ後はすぐにわかるので計算が楽になってきます。

たとえば、「18」。「3の次は6まで約数がありません。だからここから折り返しで、少ない数のコンビを見つけたらいいね」と教えると、見通しをもつことができます。

```
            コンビの例
「8」は    1  2  4  8
「9」は    1  3  9
「12」は   1  2  3  4  6  12
「18」は   1  2  3  6  9  18
```

＊指導のコツ2　何度も約分すればいい

教師は、最大公約数でわらせたいと思いますが、多くの問題はわりと小さい数で約分することができるようになっています。

もちろん、一番分母の数が小さくなるように一発で約分できればいいのですが、難しく感じている子どもにはハードルが高い

のです。

そこで、下のようにわれそうな数で何度も約分するという方法を教えましょう。

$$\frac{12 \div 3}{24 \div 3} = \frac{1}{2}$$

① 2÷2
4÷2
12÷3
24÷3
8÷2
4÷2
②

何度かくり返すと、子どもたちも理解します。この方法は、苦手な子どもだけでなく、理解が速い子どもにも有効です。

何度も約分して、分母が一番小さい分数

にするというクセが身につくと、ミスが減ります。

苦手な子どもたちには「とりあえず、2か3か5でわってみましょう。それでも無理なら7」と伝えます。それ以外の数で約分できることもありますが、まずはその辺りの数を意識させましょう。

約数のときの注目する数
・偶数は2以外、素数ではない。
・1の位の素数は、「2、3、5、7」
・20まででも、
　「11、13、17、19」で、
　2と5の倍数以外。
・30まででも「23、29」
・実は、計算によく使うのは、
　「2、3、5、7」くらい。

＊指導のコツ3　毎日ちょっとずつやる

やり方さえわかれば、後は習うより慣れろです。

子どもたちが学習を進めていくうえで、基礎の基礎になる内容がいくつかあります。

約分もその1つです。

そのような内容はちょっとのすきま時間でもよいので毎日くり返すと、理解もでき、どんどん習熟していきます。たとえば、次のような方法が考えられます。

・授業の最初に全員でやる。
・10問くらいのプリントを時間を計ってやる。
・宿題の1項目に加える。

ぜひぜひお試しください。

後々、その効果の大きさに気づくと思います。

注意して指導するポイント

① 「コンビ」を意識できるようにしよう。
② 素数でわり続けることも教えておこう。
③ 毎日続けられるように方法を考えよう。

第3章 ＊ 小学校で育てる！算数のチカラ

9　小　数

ねらい
小数の計算にはいくつかのコツがあります。
わり算の筆算は小学校段階で学習する計算のなかで最も難しいので、基礎計算の習熟度の確認としつこいくらいのくり返しが必要です。それ以外の計算は、小数の計算ならではの「コツ」さえつかめば、それほど難しいものではありません。

＊指導のコツ1　小数点移動の法則！

何でもかんでも小数点を移動させてしまう子どもがいます。
下の板書のように整理して確認しましょう。
そうすると、次の法則が見えてきます。

・たし算とひき算は、そのまま。
・かけ算とわり算は、移動あり。

もちろん、わり算にも右の表のように移動しない場合もありますが、基本的なことをわかりやすく1度整理して理解しておけば、間違いが格段に少なくなります。

わり算で小数が移動しない場合

わる数が整数の場合は
小数点は移動しない

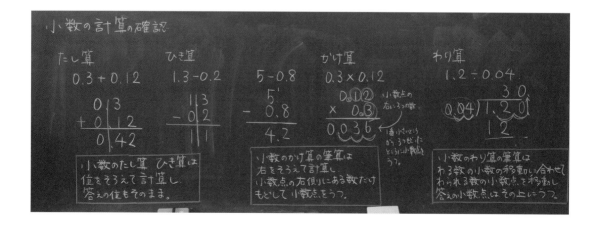

＊指導のコツ2　小数点の移動は「おけつ」

　かけ算とわり算の小数点の移動は、教師が整理するとすぐに子どもも理解できます。

　かけ算は、かけられる数とかける数の小数点の右側にある位の数だけ、小数点を移動させます。また、わり算は、わられる数とわる数の小数点を同じだけ移動します。

　さて、そのときに下の図のように表すと、小数点の移動を意識しやすくなります。

$$
\begin{array}{r}
0.1 \\
\times\,0.3 \\
\hline
0.12
\end{array}
\qquad 0.12\,)\,36.45
$$

　この図の弧線を見ると、子どもたちは「おしり」とか「おけつ」とかいいます（笑）。

　その言葉をそのまま使って「じゃあ、0.15×1.4はあわせて何おけつ？」と聞くと、「上が2おけつで、下が1おけつだから、あわせて3おけつ」といい、弧線を書きながら問題を解きます。

　かけ算でもわり算でも、この弧線を書くことで「同じだけ小数点が移動する」ことが、視覚的にとらえやすくなります。

　また、作業がともなうことで特性のある子どもも理解しやすくなります。

＊指導のコツ3　「幻の○○が見えているか？」

　小数点の移動といっても、もともとが整数の場合には小数点は書かれていません。

1　幻の小数点

　そこで、子どもたちに「幻の小数点は見えるかな。書いてごらん」といって一の位の右に小数点を打たせましょう。

$$36.$$

　この作業を何度かくり返すと位や小数点のある場所が意識できるようになります。

2　幻の0

　0も同様に「幻の0が見えるかな」とい

うと、子どもたちは「0」を書きます。

　これは、わり算の筆算で特に役に立つ方法です。

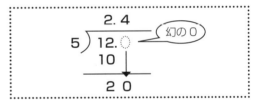
（幻の0）

　最後になりますが、小数点の移動は、わる数とわられる数を10倍、100倍しても商は変わらないというわり算の性質によるものです。あくまでも位が変わるということを意識させましょう。

注意して指導するポイント

① 移動するときと移動しないときを、整理して確認しよう。

② 小数点の移動（位の移動）を視覚的にとらえられるようにしよう。

③ 「幻の小数点」と「幻の0」を見えるようにしよう。

第3章 ＊ 小学校で育てる！算数のチカラ

2桁のわり算

> **ねらい**
> 小学校段階で一番難しい計算問題は、間違いなく「小数を含む2桁のわり算」といえるでしょう。「一朝一夕にすらすらできるようになる」とはいえませんが、7つのステップを踏んでいくことで、どの子どもも必ずできるようになります。
> その7つのステップとはどんなものでしょうか。

＊指導のコツ　7つのステップで制覇する！

2桁のわり算を制覇するための7つのステップを以下に紹介します。

```
7つのステップ
ステップ①　ひき算筆算の習得
ステップ②　2桁×1桁のかけ算の習得
ステップ③　2桁÷1桁のわり算の習得
ステップ④　3桁÷1桁のわり算の習得
ステップ⑤　2桁÷2桁のわり算の習得
ステップ⑥　3桁÷2桁のわり算の習得
ステップ⑦　小数点の移動の理解
```

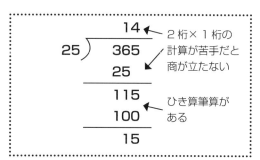

ステップ①　ひき算筆算の習得

わり算の筆算でつまずく第1関門は「ひき算の筆算」があることです。

特にくり下がりを苦手としている子どもがいますので、ていねいに確認をしておきましょう。

場合によっては、もう1度1年生にもどったつもりで、ていねいに復習する必要がある場合もあります。

ステップ②　2桁×1桁のかけ算の習得

次に「2桁×1桁のかけ算」を行います。ここが「肝」です。

かけ算九九がそれなりにできれば、2桁のかけ算なんて造作もないと思いがちですが、案外そうでもありません。

わり算の筆算では商を立てるとき、何度か「かける数」を変えて、計算をし直す場合があります。その際に、毎回「あれ、どうやるんだっけ」と考えていると、途中でちんぷんかんぷんになってしまいます。

苦手な子どもには、裏技として、次の表のように横式でもくり上がりの数字をメモする方法があることを教えます。

これを教えると「この方法ならすらすらできる」と自信をもって取り組めるようになる子どもは、実はかなり多いです。

35×3を裏技で

〈教科書では〉35 × 3
① 「十」の位　30 × 3 = 90　あわせて
② 「一」の位　 5 × 3 = 15　105

〈裏　技〉　　35 × 3 = 105
① 「一」の位　 5 × 3 = 15　くり上がり
② 「十」の位　 3 × 3 = 9　①を書く

ステップ③　2桁÷1桁のわり算の習得

わり算の筆算の基本的なやり方の復習です。①・②に比べて簡単なので、すっとできるでしょう。

ステップ④　3桁÷1桁のわり算の習得

ここでは、「立てる、かける、ひく、おろす」というアルゴリズムを何度かくり返すようにしましょう。(P.62 参照)

ステップ⑤　2桁÷2桁のわり算の習得

ステップ②・③のやり方が混ざります。

ここで、再度②と③ができるかどうかをチェックしましょう。

このステップ⑤の最大の山場は、商を立てるところです。

たとえば 84 ÷ 21 であれば、80 ÷ 20。つまり、8 ÷ 2 と考えて4を立てることになります。「大きな位に注目して考えること」「商が大き過ぎたり、小さ過ぎればやり直せばいいこと」をくり返し伝え、一緒に商を立てることをくり返すと、コツがつかめるでしょう。このステップ⑤ができれば、もう一息です。

ステップ⑥　3桁÷2桁のわり算の習得

ステップ⑤に「ひく・おろす」が加わります。ここまでは4年生の復習となります。

ステップ⑤の際でもよいですが、わり算の筆算では必要なところだけを残して、後は指で隠す方法も教えましょう。

そうすることで、混乱しやすい計算も解きやすくなります。

ステップ⑦　小数点の移動の理解

さて、最後は、小数点の移動です。

この小数点の移動のポイントは、わる数もわられる数も同じだけ小数点が移動することを理解しているかどうかです。

兄弟姉妹がいる子どもに「お兄ちゃんと自分とお小遣いが違ったらどう思う？　同じ方が嬉しいよね」と、まずは少々意味のわからない説明でもよいので、わる数もわられる数も同じだけ小数点を移動させるということを押さえます。

「どちらも同じだけ <u>10 倍</u>、<u>100 倍</u>しているんだよ」とつけ加えることも大切です。

P.73 で示した弧線を意識させると、理解しやすく、ミスも減ります。

注意して指導するポイント

① 7つのステップで理解させよう。

② 1年生からの積み重ねであることを理解しよう。

③ いろいろなところで困らないように、2桁のわり算を習得させよう。

第3章 ＊ 小学校で育てる！算数のチカラ

11 1あたりを理解する

ねらい　「単位量あたり」の問題は、子どもたちにとって混乱しやすい問題です。
問題を解くことができても、実はその内容を理解していないこともよくあります。
しかし、「単位量」という言葉を「1あたり」といいかえるだけで、子どもはその意味を理解しやすくなるのです。

＊指導のコツ1　「1あたり」を意識させる

「単位量あたり」を「1あたり」といいかえて考えてみましょう。

実はいろんな単元で「1あたり」という考え方が出てきます。そもそも「わり算」自体が「1あたり」を求める計算です。

> 12個のあめを3人で分けます。
> 「1人あたり」何個ですか。

次の問題も同様に考えることができます。

> 12mのひもがあります。
> 4mごとに切ると、何本になりますか。

これも「4mを1と考えた1本あたり」を求める問題と考えることができます。

5年生で登場する平均を求める問題で、「1週間に読んだ本の冊数の平均を求める」も同様に、「1日あたりでは」というように考えるのです。

もちろん、本単元でも同じように「1あたり」といいかえ、板書にも「単位量あたり（1あたり）」と書くことで、子どもの理解は格段にしやすくなります。

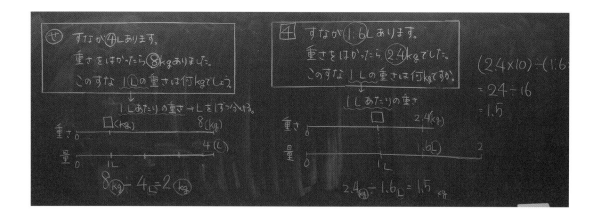

＊指導のコツ２　線分図を工夫する

さて、問題を読んで立式します。

> 30ｋｍをガソリン２Ｌで走るＡ車と、80ｋｍをガソリン４Ｌで走るＢ車では、どちらがよく走る車といえるでしょうか。

この問題は「１Ｌあたりで走れる距離で比べる方法」と「１ｋｍあたりどれくらいガソリンが必要かで比べる方法」の２種類が考えられます。

ここでは、「１Ｌあたりで走れる距離で比べる方法」で比較してみたいと思います。

線分図で示す

まずは、通常の線分図を書きましょう。この線分図の線を左にのばし、その下に、「(１Ｌ)」を書き込むのです。その上には「(? km)」も書きます。

こうすることで、１Ｌあたりを求めるということが明確になります。

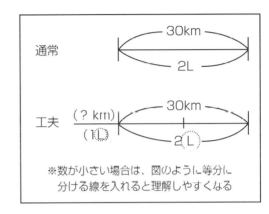

※数が小さい場合は、図のように等分に分ける線を入れると理解しやすくなる

さらに、この横線が分数の線を意味していると考えると、そのままわり算としてとらえられます。この図は「30/2」なのでそのまま「30÷2」と立式可能です。

この図を書くだけで、視覚的にとらえられ、同時に式を立てることができます。

＊指導のコツ３　式にも単位をつける！

コツ２の例題から立式すると、「30ｋｍ÷２Ｌ」となります。

そして、２Ｌの下に吹き出しで「１Ｌあたり」と書き込むのです。

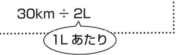

こうすると式にしたときの理解も進み、同時にミスも減ります。

さらに、「何倍か」などの問題をのぞいて、「答えの単位」はわられる数の単位と同じになることも伝えましょう。計算ミスや書き間違いが減ります。

① 「単位量あたり」は「１あたり」であることを理解させよう。

② 線分図を工夫してみよう。

③ 式にも単位をつけて、式のしくみを理解させよう。

第3章 ＊ 小学校で育てる！算数のチカラ

12 文章題を解く

ねらい
計算はできても文章題は苦手。
そういう子どもがたくさんいます。
いくら教えてもなかなかわからない。
そんな子どもを得意にするために、いくつかのコツを紹介します。

＊指導のコツ1　文章は分けて提示する

たとえば、次のような問題があります。

> 　家から公園に行き、そこから2．1km離れた図書館まで行くと、道のりは全部で5．3kmになりました。
> 　家から公園までの道のりは何kmですか。

しかし、このままだと混乱する子どもが多いのです。そこで、右のように行を分けて板書します。

そうすることで、数と言葉の関係が理解しやすくなることが多いのです。

> 家から公園に行き、
> そこから2.1km離れた図書館まで行くと、
> 道のりは全部で5.3kmになりました。
> 家から公園までの道のりは何kmですか。

ノートにも、このまま写させることで、その理解はより確実なものに変わっていきます。

＊指導のコツ2　「計算に使う数はどれ？」

次のような問題を出します。

> 　1mが3kgの重さの鉄の棒があります。
> 　その鉄の棒が5．2mあると、重さは何kgになりますか。

この場合、計算に「1」を使ってしまう子どもがいます。なぜなら、計算に使うべき数字を理解できていないからです。

計算で使う数を確認する

そこで、文章を読んだ後、「計算に使う数はどれですか？」と問いましょう。

そのうえで、線分図で表すことに習熟させるのです。

＊指導のコツ3　「問われているのは何？」

　解き方が理解できている、計算もできる、それなのに答えを間違えてしまう。

　そういう子どもは、最後まで問題をよく読んでいないことがあります。

　もっと簡単にいえば、何が問われているかを理解していないのです。

何を求めるか線を引く

　「問われているのは何ですか？　線を引きましょう」

　この一言で、何が問われているか、何を求めるのかがはっきりする子どもがいます。

＊指導のコツ4　「絵にしてみよう」

　そもそも文章に書かれていることを理解せずに問題を解こうとしている子どもがいます。

　単元の最初に「わり算」と書いてあるからわり算でしょ、とあまり考えず問題を解いてしまうのです。

　教師は計算できていて、答えもあっているものだから理解していると思いがちですが……。

絵で確認する

　そういうときのために、「問題の場面を絵で表してみよう」と投げかけてみましょう。

　そうすることで、問題の中身をしっかりと読むようになります。

　それが難しい子どもには「近くの友だちと相談しながら描いてもいいんだよ」と伝えることで、「こう書いてあるから、絵はこうしなくちゃ」と話し合う様子が見られます。

文章題の絵

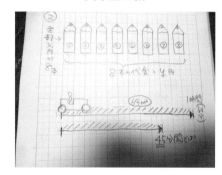

注意して指導するポイント

① 文章は行を変え、分けて提示しよう。

② 文章中のキーワードや問われていることを確認するようにしよう。

③ 絵に描かせてみよう。

第3章 ＊ 小学校で育てる！算数のチカラ

13 単位換算する

日常的によく使っていても、単位は子どもたちにとって理解しづらいようです。
ただ、学習に留まらず、単位を理解して換算できるようになることは、日常生活のなかで役に立つのです。
この単位も、いくつかのコツを教えることによって理解しやすくなります。

＊指導のコツ1　長さを基準に教える

子どもたちにとって一番身近な単位とは「長さ」です。

「mm」「cm」「m」「km」で説明する

長さの単位をもとにして「単位の記号の意味」を教えましょう。

> k（キロ）＝基準の単位の1000倍です。つまり、長さの基準となる単位は「m」であり、それに「m（ミリ）」「c（センチ）」「k（キロ）」がくっついて単位の大きさを見やすく変えているに過ぎません。

それを踏まえて右のように単位記号の意味を知ることで、単位の理解が進みます。

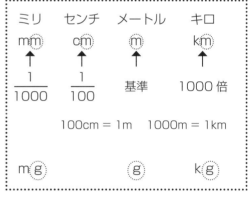

「L（リットル）」や「g（グラム）」も同様に考えることができます。

「g」の場合は1000倍が「kg」、そしてさらにその1000倍が「t（トン）」になることを教えるとよいでしょう。

＊指導のコツ2　並べて板書する

> 「520gは何kg？」

そう問われて、頭のなかで計算してできる子どもばかりではありません。

そこで、右のように書き、そこに単位をつけることを教えましょう。

> 1kg ＝ 1:000g
> 0.52kg ＝ 0:520g

*指導のコツ3　cm²の「2」、cm³の「3」の意味とは？

「cm²」や「cm³」という単位もついつい丸暗記させようと考えてしまいますが、これに関しては理屈を教えた方が子どもの頭には残りやすいです。

cm²（平方センチメートル）の右上の「2」の意味を知らない子どもはいませんか。

子どもたちに、「2は『縦かける横』のように2つの数をかけて求めるからだよ」と教えるだけで、計算のときにつける単位の間違いが減ります。

同様に体積のcm³（立方センチメートル）の「3」も「縦と横と高さをかけるでしょ」と教えると「ああ、そうか」と納得してくれます。

$$cm^2 = \overset{①}{cm} \times \overset{②}{cm}$$

$$cm^3 = \overset{①}{cm} \times \overset{②}{cm} \times \overset{③}{cm}$$

丸暗記よりも、何か1つでも頭にひっかかりそうな知識を教えることで、子どもは記憶を呼び戻しやすくなるのです。

*指導のコツ4　面積と体積の単位を変える

> 10000cm²は、何m²ですか。

この問題は、子どもたちが苦手とする問題の1つです。ただし、計算のしくみを理解してこれまでのコツを理解していれば、それほど難しくありません。

次の3ステップで考えましょう。

- ステップ①　1m = 100cm
- ステップ②　1m² = 1m × 1m
- ステップ③　1m × 1m
  = 100cm × 100cm
  = 10000cm²

ステップ3の計算自体は「0」の数をあわせればいいだけなので、すごく簡単です。

この考えを理解し、何度かくり返すことで、「1m³は何cm³？」も同じように考えることができます。

```
1m = 100cm
1m³ = 1m × 1m × 1m
1m × 1m × 1m
= 100cm × 100cm × 100cm
= 1000000cm³
```

注意して指導するポイント

① まずは身近な「長さ」を基準に単位のしくみを教えよう。

② 数を並べて整理してみよう。

③ なぜそうなるか「理由」も教えよう。

第**4**章

小学校で育てる！
社会・理科のチカラ

豊かな思考を支えるためには、その「足場」となる知識が必要ですが、単に「知識の暗記・再生」におわらないための、「考える力」も必要になります。
そして、それ以前に興味をもって「おもしろいな」と子どもが感じられるような授業をしていきましょう。

第4章 ＊ 小学校で育てる！社会・理科のチカラ

1 東西南北を理解する

ねらい　高学年でも「東西南北」がよくわかっていない子どもがいます。
南北は比較的簡単ですが、東西がとらえづらいのです。
東西南北は社会科だけでなく、理科にも必要な知識（理解）です。東西南北をしっかり理解させて覚えさせましょう。

＊指導のコツ1　まずは「右と左」

高学年で「右と左がわからない？」と驚かれる方もいるかもしれませんが、実際に子どもたちに確認してみてください。「どっちだっけ？」と迷う子どもはいませんか？

東西南北を理解する足場となるのが、「右と左」です。

1 教室に貼る

「右」と「左」という札をそれぞれ教室の横に貼ります。

このとき、「わからない子どもがいるから」ではなく、「授業中先生があっちこっち向いて、みんなに説明するときにこんがらがるから」という優しい「嘘」も交えながら貼りましょう。

2 確認を頻繁にする

「右どっち？」とときどき子どもに聞くのも、1つの方法です。

また、挙手させるときに、「わかった人は左手を挙げて」とか「右手を挙げて」といって確認するのも効果的です。

この方法は、単純に「聞いてなくて」間違う子どももいるので、「わからなくて」間違う子どもも、あまり恥ずかしくありません。

できているか不安な子どもも、続けていけば周囲を見て徐々に覚えていきます。

＊指導のコツ2　東西南北の覚え方

東西南北を覚えるときも、まず教室に札を貼ってみましょう。

「右、左」という掲示を許してくれていた優しい子どもたちですから、きっと違和感はありません。

もちろん、ときどき「東ってどっちだっけ？」と子どもたちに聞くこともお忘れなく。

＊指導のコツ３　関東、関西を意識させる

　実際の感覚で「東西南北」を覚えても、地図の上ではまた混乱することもしばしばあります。

　南北は、あまり混乱が見られませんが、東西はかなり多くの子どもが混乱します。

　そこで、その足場とするのが「関東、関西」です。

　「『関東』は、日本の真ん中から考えると右、だから地図の右が東、『関西』は日本の真ん中から考えると左、だから地図の左が西」

　そのように教えることが、方角を考えるときの足場になります。

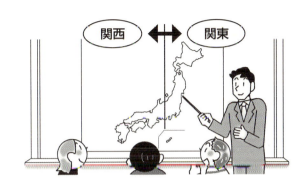

＊指導のコツ４　教室から見える風景で考える

　太陽の動きや教室を中心とした地形なら、理解できる子どももいます。

住んでいる場所と関連づける

　「山がある方が北だ」とか、「教室から見て川がある方が東だ」というように、住んでいる場所の地形や友だちの家、お店などを目印にして関連づけられるとわかる子どももいます。

　「北を向いてたつと右が東、左が西、後ろが南」

　地図は「上」が「北」になっているので、北を向いて東西を覚えた方がよいでしょう。

　そのイメージがつかめてくると、実際に動かなくてもわかるようになってきます。

注意して指導するポイント

① まず「右と左」の確認をしてみよう。

② 見える化とくり返しで方角に対する意識を高めよう。

③ 住んでいる場所と関連づけよう。

第4章 ＊ 小学校で育てる！社会・理科のチカラ

② 地図帳を使いこなす

資料を使いこなす力は、社会科の学習にとってとても大切な力であり、将来の役にも立ちます。その入り口の1つは間違いなく地図帳です。
　地図帳に親しみ、地図帳を使いこなす子どもが育つことを期待して、いくつかのネタを紹介します。

＊指導のコツ1　色を問う

　地図帳に使われている色は、その土地の高さを表しています。

　なかでも東北地方は、真ん中が高く、東西は低くなっているため、ほかの場所に比べて理解しやすいのです。

　「一番高いところは何色？」と問うことで、濃い茶色の部分が高い場所だとわかります。

　あわせて低いところの色も問うことで、地図の色は高さを表していることを理解できます。

　そして、それを簡単に横から見た図を示して、「地図帳ではこのように横から表せないから、色で表しているのですね」と確認するのです。

　その後、ほかの地方でも同じように、高いところと低いところを確認していきます。

　さらに「海面より低い」場所を見つけることで新しい気づきが生まれます。

　まずは色によって、地図帳に興味をもたせるのです。

＊指導のコツ2　地図記号を問う

　地図記号は、魅力的です。

　そもそも元の形を模したものが多いので、地図記号を見せて「これなあんだ」とクイズにすると興味をもち、覚えようとします。

　さらに、フラッシュカードなどを使って、覚えさせてから、地図帳で地図記号探しをするとおもしろいです。

　全員で同じページを開き、教師が何か地図記号を提示して、「いくつあるだろう？」

と問いかけながら、その地図記号を探す活動を行います。

子ども同士で見つけた数が違えば、「それどこにあるの？」と目を皿のようにして探すようになります。

すると、学び合いが自然と始まり、学級全体の地図帳をしっかり見ようとする意識がより一層高まるのです。

「○○が多いね」「△△はこの辺りにかたまっている」

そういう気づきが生まれると、単なる地図記号の学習に留まらず、ほかの学習にもつながっていきます。

こういった地図帳を見る指導だけに１時間使ってみてもよいでしょう。

それをきっかけに地図帳を使うということが身近に感じられるようになります。

＊指導のコツ３　索引、統計、資料で『ミッケ！』

1　この地名『ミッケ！』

教師が問題を出して、地名を見つける活動です。

最初は、適当に探そうとする子どももいますが、そのうち「索引を使うとよい」ということに気づきます。私からは教えないようにしています。

索引には「23オ6」のように「数字カタカナ数字」の順に書かれているので、数字やカタカナの意味を教えます。

そうやって索引の見方を教え、地名探しをする活動も取り入れてみましょう。

2　「一番はどこ？」

この活動は、統計のページを使います。

たとえば、「一番人口が多いのはどこ？」と問います。そして、いきなり調べ始めるより、まず子どもに予想させて「本当かな」とじらしてから「調べていいよ」と伝えた方がより授業が盛り上がります。

この「一番はどこ？」はぜひ、資料集と連動させてください。資料集の方が新しい資料を使っていることが多いのです。

そうやっていくつかの資料を比較することも、大切な技能の１つです。

> **注意して指導するポイント**
>
> ① 地図帳を読み解く「見方」を教えよう。
> ② 色や地図記号に注目させよう。
> ③ 索引や統計、資料のページを活用しよう。

第4章 ＊ 小学校で育てる！社会・理科のチカラ

③ 都道府県を覚える

「都道府県を覚えるのは、算数の九九と同じ」そう仰ったのは、有田和正氏です。
5年生の学習だけでなく、6年生の歴史学習においても都道府県が頭に入っていなければ、「え、それどこ？」となり、思考が止まったり、そこから先の学習に興味を失ったりしてしまいます。都道府県の名前とその場所を同時に覚えて、完全制覇を目指しましょう。

＊指導のコツ1　暗唱する

そもそも都道府県の名前を知らない子どももいます。

都道府県の名前は丸暗記させましょう。

そこで、役立つのはやはり地図帳。

都道府県一覧のページに行政順で都道府県が記されています。

その行政順に覚えていきましょう。

ただし、全部を1度に覚えるのは難しいです。

ブロックごとに覚える

たとえば、「北海道・東北ブロック」だと「北海道、青森、岩手、宮城、秋田、山形、福島」の7つだけです。

一番少ないのは四国ブロックなので、まずはそこから始めてもよいかもしれません。

時間は1～3分でよいと思います。

「では、今日は東北地方ね。1分間。用意ドン」

子どもたちは、何度も何度も音読をくり返します。

その後「全員立ちましょう。全員で唱えるよ。間違った人、わからなくなった人は座るんだよ。」と伝え、「さんはい」でスタートします。

この流れは、あわせて5分もあれば十分です。

たったこれだけのことを何回か行うだけで子どもたちは、あっという間にそのブロックのものは覚えてしまいます。

そして、ブロックごとに挑戦しているうちに、すべての都道府県名を覚えることができます。

子どもたちの実態にもよりますが、コツ2で紹介する地図帳バトルを行い、場所と地名を一致させてから都道府県名の暗唱を行った方がよいと思います。

ともすれば、暗唱がただの文字の暗記にならないようにするためです。

そして、途中からどちらも平行して行うと、より子どもたちの理解や暗記を助けることができます。

＊指導のコツ2　地図帳バトル

子どもたちに大人気なゲームに「地図帳バトル」があります。毎授業の導入の5分くらいで行え、都道府県名と同時に、その場所も覚えることができます。

基本的なルール
① 2人1組で、1つの地図帳を使う。
② 地図帳の「日本全図」のページを開く。
③ 教師が「〇〇県」というと、その場所を指で押さえる。

このルールで3～5問出して、相手を変えていきます。使える時間にあわせて、くり返し何度か行うとよいでしょう。

名前と場所が一致しない都道府県は大人でもありますが、このゲームをすることで名前も場所も同時に覚えることができます。

勝ち負けははっきりさせない

このゲームを円滑に進めるためには、勝ち負けをはっきりさせないことが大切です。

勝負がおわったら「勝ったような気がする人？」と手を挙げさせましょう。

2人とも手を挙げることもあり、勝っても負けても、和やかな雰囲気になります。

このゲームのよいところは、社会の時間、毎時間のように地図帳を開くことで、地図帳に慣れ親しむことができるところです。

この地図帳バトルには発展型があります。先に枕詞のように特産品や名所をいってから都道府県名をいうのです。

「桃が有名な～岡山県」とか、「マンゴーといえば～宮崎県」というように。

また、都道府県名の後は、「県庁所在地」や「旧地名」でも行うとよいでしょう。

後の学習につながっていきます。

この活動は、子どもたちの関係づくりにも役に立ちます。自然な身体接触がともなう楽しい活動で得られる「快」の感情は、子どもたちの仲をつないでいきます。

ときには勝ち負けにこだわり、険悪な雰囲気になることもあります。そうならないために勝ち負けを曖昧にしたり、その都度「こうやったら楽しくできるよ」と教師が適切な指導を入れることで、日常生活の指導にもつなげることができるのです。

注意して指導するポイント

① 毎授業使用して、地図帳に親しませよう。
② 地名は音読してくり返し唱えさせよう。
③ 地図帳を使ったゲームをしよう。

第4章 ＊ 小学校で育てる！社会・理科のチカラ

④ 歴史上の人物に親しむ

ねらい　小学校の歴史学習は人物重視の流れになっています。
ただ、たくさん出てくるので、なかなか興味がもてない子どももいます。
しかし、いくつかのコツを使えば、少しずつですが子どもたちの興味を引くことができます。キーワードはズバリ「知る」ことです。

＊指導のコツ1　エピソードを紹介する

歴史上の人物は、教科書の記述だけだと業績だけで、「人間味」が感じられません。

しかし、その人物の有名なエピソードなどを紹介すると、子どもたちにとって「おもしろい人」と身近に感じられるようです。

たとえば、「坂本龍馬はおねしょをしていた」とか「徳川家康は天ぷらを食べ過ぎて亡くなった」（諸説ありますが）と伝えると、インパクトがあるようで、よく記憶に残っているようです。

そのようなおもしろエピソードは、本やインターネットで調べると出てくるので、授業の流れを邪魔しない程度に教えると、興味をもつ子どもが出てきます。

＊指導のコツ2　人物相関図をつくる

人物が増えてくると、だれがだれだか……という状態になってきます。

そこで、使えるのが「人物相関図」。ドラマなどのホームページにある「あれ」です。

いくつかのドラマの人物相関図を見せた後、「この単元の人物相関図をつくろう」と伝えると、楽しそうにつくっている様子を見ることができます。

教科書や資料集を見ながら、何をしたか、どんな関係かを考え、つくるのは楽しいようです。

子どもたちの作成した人物相関図でよくできているものは印刷し、子どもたちに配付すると興味津々で見ます。

近代になると、複雑になるので、友だちと相談しながらつくらせるとよいでしょう。

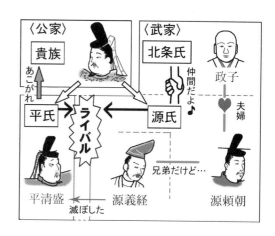

*指導のコツ3　人物カルタ

資料集や教科書にある歴史上の人物の顔を印刷したものをカルタにします。

最初は、人物名を読んで行います。

> **基本的なルール**
> ・2～3人でカルタを1組使う。
> ・先生が人物名を読み上げ、子どもがとる。
> ・たくさんとった方が勝ち。

人物名を覚えたら「十七条憲法を制定した人」など業績をいい、とるようにします。

また、さらに「高知出身、おねしょをしていた、剣の達人、倒幕で活躍した……」と少しずつヒントを出していくと、さらにその人物に対する理解が深まります。

*指導のコツ4　テレビ番組を利用する

NHKの教育番組に「歴史にドキリ」というものがあります。この番組は主に、人物に焦点を当ててつくられています。

番組の最後にはその人物の業績を含めて歌と踊りにしています。

これがインパクトがあり、子どもたちの印象に残るようです。

ちなみに、この番組はインターネットでも見ることができます。

歌だけでも視聴可能なので、利用できる環境にあればぜひ利用してみてください。

> **注意して指導するポイント**
> ① おもしろエピソードで、まずは、興味を引きつけよう。
> ② 歴史上の人物で人物相関図をつくろう。
> ③ 「歴史にドキリ」でインパクトを残そう。

第4章　社会・理科のチカラ

第4章 ＊ 小学校で育てる！社会・理科のチカラ

⑤ 理科を楽しむ

本来、理科は実験や観察が中心で子どもたちにとっては楽しい学習のはずです。しかし、最近の調査では理科のことがあまり好きではないという子どもが少なからずいます。
なぜでしょうか。それは、ワクワクしないからです。
どのようにしてワクワクさせ、そして理科的思考を鍛えることができるのかが課題です。

＊指導のコツ1　条件をたくさん考える

　子どもたちが理科にワクワクしない理由の1つは「教科書に答えが書いてある」ということ。もう1つの理由は、科学的な事象をシンプルに押さえるため、実験に必要な条件が限定されているということです。

　そこで、実験の際は教科書を見せずに条件を子どもたちにたくさん考えさせましょう。すると、教科書にない条件がたくさん出てきます。

　下の板書は、発芽の条件で、子どもたちから出た「条件」を整理したものです。

　「発芽に、必要なものは何ですか？」

　ここで少し時間をとって、ノートにできるだけたくさん書かせます。

　もちろん、荒唐無稽なものも出ますが、実験可能なものはできるだけ実験します。

　事前に塾や通信教育などで、教科書にある内容を学習している子どももいますが、教科書にない条件の結果はわかりません。

　課題が増えることで、結果はどうなるんだろう、とワクワクする実験に変わります。

　「条件制御」や「比較」という言葉も教えながら、実験します。

　小学校で学習する理科の内容はシンプルです。しかし、その過程を楽しむことが、理科を楽しむことにつながります。

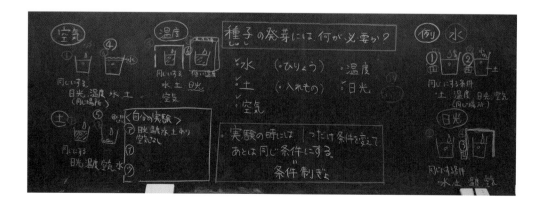

＊指導のコツ2　自由試行の時間をとる

　実験道具があると、子どもたちは触りたそうにしていませんか。

自由に触らせる

　たとえば、「電磁石」の単元。

　電池とコイル、そしてクリップを与え、これで「電磁石ができるよ」と簡単につくり方を教えます。

　しばらく自由に試行させることで、基本的な電磁石の理解はかなり進みます。

　そして、第2段階。「ものすごく強い電磁石をつくろう」と投げかけます。

　すると、いろんな方法を使って、磁石を強くしようとします。

　教科書では、「電池を増やすと磁力は強くなるか」「コイルの巻き数を増やすと磁力は強くなるか」という実験を提示していますが、子どもたちはそれを見ていなくても主体的に電池を増やしたり、コイルをたくさん巻いたりします。

　電池のつなぎすぎは危険なので、注意が必要ですが、ある程度なら許容してやらせてみます。

　そうすることで、コイルが熱くなることなどを体感し、後の「熱量」の学習につながる基礎体験にもなるのです。

　実験などで気づいたことはノートにたくさん書かせます。

　その記述をもとに、授業を進めていくので、子どもたちの興味に沿いながら教科書以上の内容の学習が自然と進んでいきます。

　そうして全員が楽しく豊かな経験をすることで、理科は楽しいと感じられます。

　このとき大切なのは、使う実験道具を最小限にすることです。

　キットを使って楽しく遊んでおわりという授業をときどき見ることがあります。試行錯誤することがすごく少なく、「おもちゃ」をつくることに子どもの興味がつられてしまうことがあるのです。

　そういった授業では子どもたちにとっての深い学びにはつながりにくく、理科的思考を鍛えることも難しいです。

① 子どもたちが考えた条件を増やして実験してみよう。

② 実験機器は自由に触らせてあげよう。

③ 自由試行させるときは、最小限の「道具」を用意しよう。

第4章 ＊ 小学校で育てる！社会・理科のチカラ

⑥ 実験器具を使いこなす

ねらい　実験器具の使い方に慣れているかどうかは、スムーズに実験し、実験の過程と結果に集中するためには必要不可欠です。そして、何度も実験をくり返しできることで、多くのデータを集めることができるのです。
では、どうすれば実験器具の使い方に慣れることができるのでしょうか。

＊指導のコツ1　習うより慣れろ

　実験器具や観察器具の使い方に慣れる最大のコツは、器具に触る機会を増やすということです。

　たとえば、アルコールランプ。

　理科準備室にあるだけ与えましょう。

　そして、本実験に入る前に、時間を決めて何度も何度も火をつけて、消す時間をとるのです。

　最初は、怖くてできなかった子どもも、友だちが何度も挑戦しているうちに「自分もできるかも」と思い、挑戦する姿を見ることができます。

　古くなった顕微鏡があれば教室に置いておくのもよいでしょう。

　対物レンズや接眼レンズが揃っていなくてもよいのです。

　また、見るものは、プレパラートでなくても構いません。

　文房具、たとえば定規などを見ることでも、日常使っているものが大きく見える喜びで、何度も何度も顕微鏡を覗き込みます。

　また、そういう肉眼で見えるものを使うことで、見え方の違いに驚いたり、対象物の動かし方を覚えたりすることもできます。

　ときどき、調節ねじや反射鏡を動かして見えづらくしておくと、ちゃんと自分たちで調節し直して見ます。

　そうやって、「もの」と「時間」を用意することで、子どもたちは自然と器具に慣れていきます。

　このようなただ実験器具の使い方に慣れるという目的だけで時間をとることは、時間がかかるように思うかもしれません。

　しかし、1年間トータルでみると、1つひとつの実験や観察が短時間でおわるようになります。

*指導のコツ2　コツを教える

　子どもたちは効率のよいコツを教えてもらうと試してみたくなります。

　たとえば、マッチのこすり方にもコツがあります。

　右図のようなことに気をつけると、安全で失敗が少なくマッチをこすることができます。

　「上手だね」とほめることで、子どもたちはどんどん挑戦しようと思います。

　マッチがもったいないなんて思わないで挑戦します。（大きなマッチ箱でも、1つの値段なんてたかが知れています）

　こうしてマッチ1つとっても、上達の道筋がわかると、理科が楽しくなるものなのです。

①マッチの頭を下に向け、お尻の方を人差し指のひらで押さえる

②そのままの角度で下向きにこすりつけ、火がついたらマッチを平行にする

*指導のコツ3　使い方は3択で示す

　使い方を3択で示すとクイズっぽくなり、子どもたちはワクワクしながら考えることができて、記憶に残りやすくなります。

　たとえば「メスシリンダー」

　右図のように黒板に示し、「どれが正解でしょう」と問います。

　子どもたちに理由を相談させつつ答えをいわせると、なぜそうするのかを深く考えながら、使い方を覚えることができます。

　ちなみにこの方法はさまざまなテスト対策にもなります。

　テストで出てくる問題の形式も、このような選択式が実は多いのです。

メスシリンダーの見方を3択で

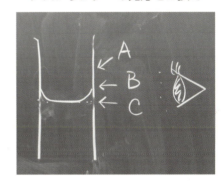

注意して指導するポイント

① 器具は習うより慣れさせよう。

② 子どもには上達の仕方をどんどん教えよう。

③ 使い方は3択で確認しよう。

第5章

小学校で育てる！
生活のチカラ

案外先生方は、子どもの学校での生活の仕方などの教科指導以外の場面で、悩まれていたり、困っていたりしませんか。子どもが学校で生活するために必要な力とは何か、そしてそれをどう育んでいくかについて一緒に考えていきましょう。

第5章 ＊ 小学校で育てる！生活のチカラ

1 自尊感情・自己肯定感

「自尊感情」や「自己肯定感」が低い子どもがいます。「自尊感情や自己肯定感の低さゆえ」やる気が出なかったり、ほかの子どもに攻撃的になったりすることがあります。
そのような子どもにも、それぞれの背景があり、一概にこれが効くというのは、示しづらいのですが、私なりの考えを提示したいと思います。

＊指導のコツ1　「自尊感情」と「自己肯定感」

よく「自尊感情」と「自己肯定感」は同義のように扱われることがありますが、東京都教育委員会の定義を紹介します。

> **「自尊感情」とは**
> 自分のできることできないことなどすべての要素を包括した意味での「自分」を他者との関わり合いを通してかけがえのない存在、価値ある存在としてとらえる気持ち

> **「自己肯定感」とは**
> 自分に対する評価を行う際に、自分のよさを肯定的に認める感情

つまり、自尊感情とは「どういう自分であれ自分は『ここ』に存在してよい」と思っている（感じている）ということです。

そして、自己肯定感は他者から見て、あるいは他者と比べてのよさを認めている感情です。

＊指導のコツ2　「ほめる」と「認める」

一般的に「ほめる」のは、できたことに対してです。そして、たくさんほめればほめるほど、「自己肯定感」は高まります。

しかし、失敗したり、負けたりすることで自信を失ってしまうことがあります。

失敗しても、次に向かうことができる子どもと、そうでない子どもとの違いは何でしょうか。

それは「自尊感情」の高さです。

「自尊感情」を高めるためには、「認める」ことが必要です。

言葉を変えれば「受け入れる」。

しかし、ほめると認めるはまったく違うものではありません。

私は次の図のように考えています。

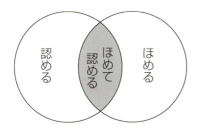

「ほめる」は「できたこと」「できること」に対して、真ん中の「ほめて認める」は、「結果ではなく、過程」「才能」「特性」や「立ち方が美しい」とか「笑顔が素敵」など、努力が必要ではないことをほめる。

これは子どもたちに安心感を与えるほめであり、ほめることで認めていることにつながります。

左図の「認める」は、できていないことも含めてのものです。

「まあ、そういうこともあるよね」
「大丈夫」

そういう一言が教師から出てくるだけでも、子どもたちは「認めてもらえた」「受けとめてもらえた」と感じることができます。

しっかりほめ、そして認めていくことで、「自尊感情」を高められます。

「自尊感情」が高まることで、「自己肯定感」（周りに肯定的にとらえられている）そして「自己有用感」（だれかの役に立っている）もより高まっていきます。

社会性、客観性のない「自尊感情」はときに軋轢（あつれき）を生みます。

しかし、自尊感情の低い子どもの、自己肯定感も、挫折に弱い面があります。

自尊感情と自己肯定感の相互作用を教師自身が意識しながら声をかけましょう。

 注意して指導するポイント

① 自尊感情と自己肯定感の違いを知ろう。

② ほめることと認めることの違いを知ろう。

③ 子どものよい部分もダメな部分も丸ごと認めよう。

第5章 ＊ 小学校で育てる！生活のチカラ

② 向上心
～自分に自信をもつ～

ねらい　「もういいや」「ぼくなんてこんなもの」しばしばやる気を失ってしまっている子どもがいます。そのような子どもは、今までに失敗体験を積み重ねていたり、そもそも自分自身に自信がない子どもであることが多いようです。
　そのような子どもも向上心をもてるようにしてあげましょう。

＊指導のコツ1　逆転現象

　人は基本的には、人との比較によって自信をもつことが多いです。
　それは必ずしもよい自信のもち方だとは思いませんが、最初のきっかけとしては、「人よりすぐれている」と感じられる経験を残すことは有効です。

その子どものために基準をつくる

　クラスに「逆転現象」を起こす最も簡単な方法は、教師がほめるということです。
　ただほめるのではなく、それまでだれもほめなかっただろうことをほめます。

- 「元気」
- 「笑顔が素敵」
- 「声が大きい」

　何か基準があってほめるのではなく、その子どもをほめるために基準を考えるのです。それは、子どもを肯定的に見ようとする「教師の構え」にもつながります。
　教室では「勉強ができる」「運動ができる」「おもしろい」という価値がどうしても中心となります。

　しかし、教師が「この価値は素晴らしい。あなたがこの分野ではヒーロー」と評価することで、逆転現象は生まれます。
　逆転現象を通して、自信のなかった子どもたちは、「もしかしたら自分もなかなか大したものかも」と思うようになります。
　そして、それを見ている周りの子どもも、「それなら自分も」と考え、自分なりのよさを出そうとします。
　このような形での「他者」を意識した評価は、年度の最初に学級を活性化させるうえでも大きな意味をもちます。

「きれいに書けたね」

＊指導のコツ２　いいがかりをつけてほめる

　日本人は占いが好きです。運勢だけでなく、性格占いも大好きです。

　それは裏を返せば、自分自身が何者かよくわかっていないということです。

　それを逆手にとって、自信がない子どもをプロデュースしてみませんか？

　しかし、なかなか受け入れられない子どももいます。

決めつけてほめる

　「あなたはこんな素晴らしいところがある。気がついていないかもしれないけれど、○○のとき、こうだったよ」といいがかりをつけるようにほめていくことが大切です。

　それを何度も何度もくり返します。

　すると、だんだん自分はそういう人なのかなと思えるようになってくるのです。

＊指導のコツ３　昨日の自分との勝負にこだわらせる

　人との勝負というのは、いつか疲れてしまいます。

　それは人にほめられるのも、同じです。

　その基準を他者に依存している以上、自分らしさを失うことがあります。そして、頑張りすぎてしまうことも……。

自分の価値は自分で確かめてあげる

　自分の価値を確かめる方法を自分にもてるようにしてあげましょう。

　「一生懸命やったら自分はできるかも」

　そういった経験から生まれた思いが、将来にわたってその子どもを支えます。

　たとえば、先に紹介した100マス計算や書く指導は、自分の成績が過去より進歩したことを実感しやすい活動です。

　また、教師が「昨日よりすごいね」「前より進化したね」そう日々伝えていくことで、子どもたちは「自分自身が進化していること」を体感していきます。

　そうやって、本当の意味での価値ある「自信」を得てもらいたいと考えます。

注意して指導するポイント

① 逆転現象を起こし、「自分もできる」と感じさせよう。

② 子どものよい所を見つけ、プロデュースしよう。

③ 昨日の自分との勝負にこだわらせよう。

第5章 ＊ 小学校で育てる！生活のチカラ

３ 折り合う

ねらい 子ども同士の表面的なもめごとは「折り合う」力の不足によって起きることが多いです。「折り合う」力とは、お互いが自分の考えや感じ方を提示し、それをお互いが理解し、じゃあこの辺りで我慢し合い、譲り合い、あるいは、お互いにもともとなかった別の答えを見つけることです。この力がつくと、子どもたちのもめごとが圧倒的に減ります。

＊指導のコツ１　ゲームで折り合う力をつける

　私は何かを身につけるためには、楽しいことをしながら体験していくことが一番効果が高いと考えています。
　日常的に行える簡単なゲームのめあての１つに「折り合う」ことを入れてみるだけで、子どもたちは変わってきます。
負けても笑う
　「じゃんけん」は、簡単でいて教育効果の高いゲームです。
　最初は教師と全員でやります。
　教師も負けることがあります。そうしたら本気で悔しがりましょう。
　でも、笑うのです。

　そうやって、教師自身が「折り合っている姿」を子どもに見せるのです。
　負けても次がある。
　負けるときがあるから勝つのが楽しい。
　負けた人が、気持ちを切り替えて楽しむから、自分も含めたみんなが楽しい。
　そんな「お互い様」の感覚。
　教師対子どもの次は子ども対子どもで「じゃんけん」をします。
　教師対子どもから、子ども対子どもに、変えていくとフラットな関係で折り合う感覚を身につけていくことができます。
　フルーツバスケットも非常にポピュラーなゲームですが、「折り合う」ということを学ぶのには最適なゲームです。
　ゲームを行ううえで、どのような価値を大切にするのか。
　まずは、教師が「折り合う」ことを大切にし、それを口に出していくことで、子どもに折り合う感覚を身につけることができるのです。

*指導のコツ2　学級会を大切にする

「学級会」での話し合いは「お互いの利害」にまみれています（笑）。

だからこそ、「学級会」での話し合いを大切にする必要があるのです。

しかし、全体の場で意見をいうのが苦手な子どももいます。

ですが、だからこそたくさん話をする機会を設けることも大切です。

小グループでの話し合いも頻繁に取り入れましょう。そうやって、自分の立場を明確にしながら意見を闘わせ、最終的に折り合えるようにしていくのです。

*指導のコツ3　多数決を破壊する

授業で、回数は僅かでも「多数決は正しくない」ということを経験させましょう。

「答えはAですか、Bですか？」

そう問う授業をしくみましょう。

問いによっては少数派の方が正しい場面が出るでしょう。

その際「多数決が必ずしも正しい答えを示している訳ではない」ということを伝えます。

人数が多い方が正しい訳ではないとわかって考えるだけで、思考は深まります。

そうすると、勝ち負けではなく、その「間」に答えを求めるクセがついてきます。

0か100かではなく、白か黒かでもなく、その「間」にあるそのときのベストを探す。

これが「折り合う」ということの本質だと私は考えています。

1つつけ加えるなら、この「多数決を破壊する」ことは、いじめ指導や差別への指導にもつながります。

いじめや差別は多くの場合、多数派が少数派を虐げることで起こるからです。

「多数決を破壊する」

大切なことだと思います。

数が多いから正しいということではないよ

注意して指導するポイント

① 教師自らが折り合う姿を見せよう。

② 小グループでの話し合いを取り入れた「学級会」をしよう。

③ 多いから正しいとはならないことを教えよう。

第5章 * 小学校で育てる！生活のチカラ

4 責任感・創意工夫 〜当番活動・係活動〜

自分のことは自分でするという責任感のある子ども。そして、自分の良さを活かし、工夫をしながら役立てようとする子ども。
そういうバランスのよい子どもを育てたいものです。
責任感は「1人1役」の当番活動で、創意工夫は「人の役に立つ」係活動で育てていきます。

＊指導のコツ1　「するべきこと」と「したいこと」

子どもたちの将来を見据えると、本来はあまりしたくない「するべきこと」に耐える力を育てつつ、「したいこと」をする力も伸ばしてあげたいです。

これらは、どちらも日常的な活動のなかに位置づけて育てていきましょう。

1 「当番活動」

「するべきこと」として1人1役を割り当てます。

だれかが必ずしなければいけない割り当てられた仕事を、きちんとやりきることが求められます。

2 「係活動」

「したいこと」をして人の役に立つことを、自分たちで工夫して行うことです。

この2つの役割を、きちんと区別して行うことが大切です。

＊指導のコツ2　1人1役をやりきる方法

1人1役は「当番活動」です。
つまり、その仕事をしなくては、だれかが困ることを任せるのです。

・窓の開け閉め
・電気のオンオフ
・配付物の配付
・花の水やり
・生き物の世話　など

もちろん、これは「すべきこと」ですから、できたかできていないかの確認が必要です。

次の掲示は私が実際に教室で使用しているものです。

当番活動の掲示

できていない子どもは、一目でわかる

昼と帰る前には、教師がこの掲示を1度確認しましょう。できていない子どもは一目でわかるので声をかけやすいです。

そうやって、1日1つ仕事をやりきるという経験を積むことで、責任感が少しずつ育まれていきます。

> **簡単なルール**
> ① 朝、教室に来たら子どもが自分の札を名前の書いた方に向ける
> ② 自分の仕事がおわったら裏に返して「OK」にする

＊指導のコツ3　人の役に立つことを自分で工夫する

「係活動」は、人の役に立つことを、自分たちで工夫してやることです。そう考えると当番でやるようなものは、できるだけ排して、「みんなが楽しめて、自分も楽しめるもの」に特化した方がよいと思います。

- ・「イラスト係（まんが係）」
- ・「漫才係」
- ・「読み聞かせ係」　など

「係」ではなく「○○会社」というネーミングにすると、盛り上がることがあります。

創意工夫を育てることをより重視するなら、途中で止めたり、新しい係をつくることも望ましい姿なのかもしれません。それを決めるのもあくまでも子どもたちです。

話し合いの時間を確保する

「係活動を活発にするためにはどうしたらよいですか」という質問をよく受けます。

これは、最初にどれだけたくさんの時間を確保するかに尽きます。しかし、学年が上がるほど、確保できる時間は減ります。

そこで、給食時間に係で集まって食べる日を週に1度設定しましょう。この場で、係の相談をしなくても、係のなかで仲良くなることで、係活動は自然と活発化します。

実際に「係活動」を行うのは、朝の会や帰りの会です。

係の活動は、自治的な活動の1つです。

できるだけ失敗も含めて見守り、子どもたちの創意工夫を期待しましょう。

係活動の掲示

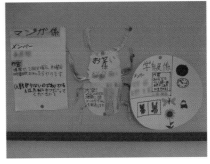

掲示物にも創意工夫が表れてくる

> **注意して指導するポイント**
> ① 当番活動と係活動を充実させよう。
> ② 当番活動は1人1役でやりきらせよう。
> ③ 係活動は時間をできるだけ確保して、創意工夫を大切にしよう。

第5章 ＊ 小学校で育てる！生活のチカラ

5 よく気がつける

ねらい 居心地がよい教室の秘密とは何でしょうか。それは子どもたちが「よく気がつく」ということです。よく気がつく子どもが増えると、いろんなことがいつの間にかおわっていたり、教室が整っていたり、だれかが困っていたら何らかの形で行動したりするようになってきます。では、どのようにしたら「気がつく子ども」が育つのでしょうか。

＊指導のコツ1　いすとくつがポイント

「いすをしまう」

ただそれだけですが、気がつく子どもはよくいすをしまいます。

自分のやることを客観的に見ていて、日常的にふり返ることができているからです。

物理的な行動は、心に反映されます。

「自分が動いた後」を気にするというのは、そのスタートです。

また、いすをしまうという行為は、見える化されるため、周りの子どもも「気づきやすい」です。

「いすをしまう」というルールが定着し始めると、ほかの子どものいすをそっとしまってくれる子どもが現れます。

そういう子どもをすかさず認めましょう。

周囲に対する配慮がクラスのなかに育ちます。

下駄箱のくつも同様です。

「だれが見てもすぐわかる」ことだからこそ、指導しやすく、できたときの評価もしやすいのです。

そして、子どもたちもお互いができているかどうか判断しやすいため「気づく」ことができるのです。

いすとくつは、気づける子どもが育つための大きなポイントとなります。

教室の様子

ルールが定着することで自主的にするようになる

下駄箱の様子

下駄箱は学外の人も見るところなので要注意

＊指導のコツ2　教師がまず気づく

子どものなかによく気がつく子どもがいても、教師がそれに気づき、認めていいねといわなければ、その子どもが動ける範囲は限られてしまいます。

また、その動きがクラス中に広まることもありません。

教師が気づくためには、何が必要なのでしょうか。

「眺める」時間をつくる

教師というものは、全体を俯瞰して見ていることが少ないように感じます。

何か凝視していたり、あるいは情報を遮断して何かに没頭していることが多いです。

たまにでよいので、1日何回か教室全体を「眺める」時間を意識してつくりましょう。

目的をはっきりと決めず、ぼうっと見ましょう。いつもと同じ黒板前や教師用机からだけでなく、横や後ろから眺めます。

きっと、1人ひとりの表情や身体の動きが見えてきます。すると、案外見ていなかった子どもがいることなどのいろいろなことに「気づく」きっかけになることでしょう。

＊指導のコツ3　教師がモデルになる

どんな場面で気がついて欲しいですか？そのときに、どう動いて欲しいですか？

子どもたちの「気づき力」が弱いとき、教師自身がモデルとなる必要があります。

教師も教室にいる一員

子どもの気づきレベルが低ければ、自分が「よく気づく人」のモデルとなりましょう。

そして、気づいたら、子どもたちの目にとまるように動き続けましょう。

「気づいて人にさせる」のではなく、「気づいて自分が動く」モデルになるのです。教師が当たり前のように気づき、当たり前のように動く様子を見ていると、子どもたちもそのように動き始めます。目から入る情報は大きく、人間を動かしていくのです。

自分自身がまず「高いレベルでの気づき力を発揮する」モデルになるよう、楽しみながら成長していきましょう。

第5章　生活のチカラ

注意して指導するポイント

① 「自分が動いた後」に気がつく子どもから育てよう。

② 「眺める」時間をつくって教師自身の感度を高めよう。

③ 教師自身が自ら率先して動こう。

第5章 小学校で育てる！生活のチカラ

❻ 片づけのクセ

ねらい
ものを片づけるのが苦手な子どもはいませんか？ 私も実は苦手です（笑）。
しかし、日常的にいろいろなものを整頓する力をつけておくことで、学習にスムーズに取りかかることができるのは確かです。
また、学校生活だけでなく、家庭生活を送るうえでも片づけ力は必要になります。

＊指導のコツ1　片づけタイムを設定する

片づけができない主な理由は2つです。

- ・気にならない（気づかない）
- ・やらない（面倒くさい）

そういう子どもは、いつの間にか「片づいていないのが当たり前」になっています。

逆に「片づいているのが当たり前」にするために、片づけタイムを設定しましょう。

たとえば、私は次のような「片づけタイム」を1分程度で実施しています。

　朝の会……教室の片づけタイム
　帰りの会…道具箱の片づけタイム

「教室の片づけタイム」は、全体を見る目を養うのに役立ち、「道具箱の片づけタイム」は、自分をふり返るのに役立ちます。

朝と帰りのわずか2分ですが、効果はかなり高いです。

道具箱は必須

特に道具箱は、普段はあまり気になりませんが、参観日や学級懇談会後にお家の方がチェックする場所ナンバーワンです。

1人では片づけられない子どももいるので、「となりの子も一緒に片づけて」とか「チェックしてあげて」というとより美しくなります。昔のプリントが出てくることもあります（笑）。

そこが普段から片づいていると「お、うちの子ども片づけられるようになったな」と思ってもらえ、家でほめられるようになることもあります。

＊指導のコツ2　整頓チェックをする

教室が雑然としてきたら、「整頓チェック」をします。

教室のプライベートスペースといえば、机とロッカーです。

ロッカーは一見片づいていても、実はカバンの中の体操服がぐちゃぐちゃだったり、奥の方にゴミが入っていたりすることがあります。

私は「ミラクルワールド発見」といって、子どもたちと一緒に楽しく整頓します。

そして、最後にちょっと怖い顔をしながらつけたします。

「この教室で一番整頓が苦手な人がいます。それは……」「先生です！」（笑）

これは、演出でも構いませんし、本当に苦手ならそのままでもいいのです。

人のチェックをするなら、最後に自分を落とす。そうすると殺伐としがちなチェック後の空気が緩みます。

「苦手なことはそれぞれあるからね。でも、きれいな方がいいよね」といいつつ、教師自身が片づけるモデルとなりましょう。

もちろん、できている子どもをほめることは忘れずに。

＊指導のコツ3　いつも教室をきれいにしておく

片づけが得意な先生がいます。

そういった先生が担任だと「整頓されているのが当たり前」な教室になり、そういった教室では「整頓するのが当たり前」になっていく子どももいます。

片づけが苦手な人も子どもの目に入るところは基本的に整頓しておきましょう。

これも大切なコツの1つだと考えます。

注意して指導するポイント

① 片づけタイムで日常的に片づけをするクセをつけよう。

② 自分が「苦手です」ということで空気をやわらげよう。

③ 片づけが苦手な人も教室はきれいな状態にしておこう。

第5章 ＊ 小学校で育てる！生活のチカラ

7　縁の下の力持ち

ねらい
教室にいるのがよく目立つヒーローやヒロインばかりだと、教室や行事の運営は案外うまくいきません。
教室がうまくまわっていくためには、縁の下の力持ちが必要です。
あなたの教室では縁の下の力持ちが育ち、笑顔で力を発揮していますか。

＊指導のコツ1　見えないところを評価する

ついつい教師は、目立つところをよくも悪くも評価しがちです。

「できたこと」「できること」はその子どもをほめることができます。また、「できなかったこと」「できないこと」も、関わる、声をかける、という報酬がその子どもに与えられます。

目立たない子どもを評価する

その一方で、粛々と日常をていねいに過ごしている子どもには、スポットライトが当たらないことがかなり多いのです。

しかし、本来は、そのような子どもにスポットライトを当てるべきです。

簡単にいえば、人にいわれようがいわれまいが「当たり前のように当たり前のことをしている子ども」をほめるのです。

目立つところで頑張っている子どもがいる一方で、目立たないところで、人が見ていなくても、だれかのために陰ひなたなく一生懸命やっている子どもがあなたの教室にもいませんか。

本来評価するべきは、そのような子どもだと私は考えています。

「自立している子」
「自己判断できる子」

他者の評価を中心に「動かされる」「生かされる」子ではない子どもです。

評価してあげることで、「縁の下の力持ち」は、自信をもってそれからも活躍してくれるのです。

そして、評価するときは「よくできたね」ではなく「ありがとう」と伝えましょう。

自分がしたことで、だれかに感謝される。
こんな喜びは、ほかにはありません。

*指導のコツ2　掃除の時間が最大のチャンス

掃除は、年間を通して「縁の下の力持ち」を育てるチャンスです。

掃除は自分のため（だけ）にするものではありません。「世のため、人のため」にするものです。

掃除が一生懸命できる子どもは、「勉強ができる子どもよりも、世のため人のためになる」という価値観を話し、そういう姿はだれかが見ていて、大切にしてくれるのだということを伝えましょう。

教師が率先して掃除する

また、教師自身も「縁の下の力持ちの一員」であることを示すチャンスでもあります。

子ども以上に、黙々と目立たない場所で掃除をしましょう。

もちろん、全然目立たないのでは意味がありませんから、最初のころは、子どもと一緒にやり、子ども以上に黙々と必死でやりましょう。

子どもをほめたり、注意したりするのは、後回しにして自分自身が一生懸命やることを目指しましょう。

そして、おわった後に　言「ああ、今日も気持ちよかった」と実感をもってつぶやくのです。これを続けていくことで、子どもたちが一生懸命に取り組んでくれるようになります。

子どもたちが当たり前のように一生懸命取り組むようになったら、子どもから離れたところ、見えないところを一生懸命やりましょう。

きれいになったところを子どもに見せて、「目立たないところも一生懸命やることで、だれかの役に立つんだよね」と伝えます。

このような毎日の取り組みが、縁の下の力持ちを生み出し、育んでいくのです。

① 目立たないところで活躍する子どもを認めよう。

② 掃除の価値を子どもに語り、ともに働こう。

③ 全体を見て、すべての子どもの価値を認めよう。

第5章 ＊ 小学校で育てる！生活のチカラ

8 友だちとつながる

友だちとつながることが苦手な子どもの「根っこ」にあるものは何なのでしょうか。
私は多くの場合、次の3つが原因ではないかと考えています。①自分に自信がない（自分のことが嫌い）、②つながり方がわからない、③つながる機会が少ない、です。
そんな子どもを少しでも、周囲とつなげられるようないくつかの提案をしたいと思います。

＊指導のコツ1　自信をつけさせる

やはり「ほめる」「認める」が中心になりますが、子どもたち同士のいいところ探しも効果のある活動です。

ふり返りノートや日記を書かせているクラスなら、その日のテーマを「○○君のいいところ」にするという方法があります。

全員が1周するまで行います。

子どもたちの書いたノートをすべてコピーし、本人に渡すと、「○○君、いいところ探し特集」ができます。

タイミングを見て2回目、3回目を行うと自分自身の成長も、それを見つける友だちの成長も感じられます。

連絡帳の最後に、子どもたちのいいところを教師が自ら書くのもお勧めです。

形に残るものは、子どもが見返すことができるので、後々も効果が持続します。

○○君のいいところを書いた連絡帳

＊指導のコツ2　適切なつながり方を教える

友だちにきついいい方をしてけんかになったり、険悪な雰囲気になったりしがちな子どもはいませんか。

もしかしたら、その子どもは適切ないい方を知らないのかもしれません。

どうやったら心地よく友だちと接することができるのか、具体的にわからないのかもしれません。

「おしいなあ。そういういい方ではなくて、こういったらいいんだよ」と具体的にいって見せたり、やって見せたりすることが大事です。

適切な方法を学ぶことで、友だちと心地よくつながることができる子どもは多いのです。

＊指導のコツ3　つながることも大きな目的とする

学習のなかで、友だちと話をする機会をふんだんにつくりましょう。

学習の一番の目的は、学習内容の理解や習熟・活用ですが、ときには友だちとつながることを一番に考えてもよいでしょう。

「ちょっと相談してごらん」

そのような指示を頻繁に出すことで、子どもたちはつながり始めます。

遊んでいるときは話題があわなくても、授業のうえでの話題は必ずあうはずです。

＊指導のコツ4　孤立も価値があることを認める

最後になりましたが、「孤立」にも価値があることを認める雰囲気は大切です。

いつもいつも友だちと一緒ではなく、状況に応じて人とつながることが、本当によいつながり方です。

低学年のように「だれとでも仲良く」は、理想的ですが、社会性が育ってきた高学年では難しく、必ずしも必要だとは私は思いません。

あえて、人を排除することや、目的があるのに協力できなかったりするのは問題ですが、「孤立する自由」と「孤立する価値」を認めるのは、1人ひとりのよさを活かすという面でも大切にされるものだと考えています。

そして、逆説的ですが、孤立することを認められるからこそ、つながろうとする余裕もまた生まれるのです。

① まずは子どもに自信をもたせよう。

② 適切なつながり方を教え、ときには友だちとつながることを目標に授業をしてみよう。

③ 孤立することの自由と価値を認めよう。

第6章

小学校で育てる！
多様に生きるチカラ

学校生活のさまざまな場面で困難さを感じ、苦戦している子どもたちがいます。そういった子どもたちを支えるためには、どうすればよいのでしょうか。そういう子どもたちにはどのような力をつけていけばよいのでしょうか。いくつかの視点から考えてみましょう。

第6章 ❋ 小学校で育てる！多様に生きるチカラ

① スマホ・ゲーム

ねらい 携帯電話やスマートフォン・オンラインゲームは重要なコミュニケーションツールになっており、「持たせない」「禁止する」ではなく、上手に活用する視点での指導が必要です。
一方で、子どもたちのネットモラルの向上は遅く、いじめの原因などになることもあります。取り扱い方や危険性を保護者とも共有しておくなど、十分な注意が必要です。

＊指導のコツ1　参観授業や保護者会で取り上げる

スマホやゲームに関しては、まだ保護者も十分な知識をもちあわせていません。
成長とともに起こる事案への想定や準備もまだまだ不十分です。

教材や冊子を活用する

スマホやゲームに関するリテラシーを育てる教材や冊子があります。学校に配付されているものもあるので、普段の授業からこうしたものを取り上げましょう。

また、参観授業や保護者会などでも積極的に活用し、保護者ともその内容が共有できるとよいです。スマホを学ぶ保護者会を特別に開いたり、保護者会のなかの1つの話題として取り上げることもお勧めです。
「ご家庭で、スマホの利用についてどんなお話をお子さんとしていますか」と問いかけて、利用状況や考え方を保護者同士でも共有できると、より理解が深まります。

＊指導のコツ2　教室に"講師"を呼んでみる

教師自身が授業するのもよいのですが、もっと効果的な方法があります。

企業の方に話してもらう

携帯会社やアプリ・ゲームを提供している企業から、事例やセキュリティの情報提供をしていただきましょう。最近では、セキュリティを啓発する専門の部署をもっている企業が増えました。学校を通して依頼すると、各社とも快く来てくださいます。
実際の授業の進め方は、右のような流れがお勧めです。
子どもたちの質問は、ミニホワイトボードなどをフリップのようにして使うと、楽しい雰囲気になります。

```
授業の進め方の例
10：10～11：00
 ↓○○さんによる
  ネットセキュリティ講座
11：10～11：35
 ↓○○さんと担任による公開対談
11：35～12：00
 ↓生徒から○○さんへの質問タイム
```

＊指導のコツ3　親子でルールづくり！

　参観授業時に、保護者も交えてルールづくりについて話し合うのも有効です。頭ごなしに禁止せず、リスクを知りつつ上手に活用できるルールを、各ご家庭でしっかり定めていくことが現実的なのです。

　とかく対立しがちなテーマなので、教師が親子の話し合いがうまく進むよう、上手にアドバイスしてあげましょう。それぞれの言い分を出しつつ、双方が歩み寄れるポイントを整理してあげるのが有効です。

　また、上手にルールづくりをしてそれらを活用しているご家庭があれば、モデルとして全体に紹介するのもいいでしょう。

　ルールを決めるときのポイントは、下の表のように具体的に決めていくことです。

- 利用時間（例：21時まで使用可）
- 利用場所（例：居間でのみ使用可）
- 保管場所
  （例：使用時間以外は、居間の所定の場所に置く）
- ルールを守らないときの取り扱い
  （例：1週間使用禁止や、一定期間に3回違反した場合は停止など）

＊指導のコツ4　関連書籍を取り上げる

○ 藤川大祐×岩立沙穂・岡田彩花・村山彩希・飯野雅・大川莉央・込山榛香（AKB48）
『実践！スマホ修行』（学事出版）

　著者は「ネットの長時間利用」「ネットいじめの深刻化」「犯罪被害の増加」といった問題を、「平成25年問題」と呼んで、警鐘を鳴らしています。

　AKB48と具体的なリスクにどう対応するかを話し合いながら進めていく、読みやすく画期的な1冊です。

○ 堀裕嗣『スクールカーストの正体　キレイゴト抜きのいじめ対応』
（小学館新書）

　LINEはずしなどの精緻な分析があり、小学校教員も保護者もぜひ知っておきたい中身になっています。

　こうした書籍の情報を学級通信などで紹介したり、教室の図書スペースや学校図書館に書籍を配備するのもよいでしょう。

注意して指導するポイント

① 親子が対立を越えて納得にいたるプロセスが生まれるように、ていねいに話し合おう。

② 教師自ら最新の情報を取り入れる努力や工夫をしよう。

③ 専門的な方との出会いやつながりをつくり出そう。

第6章 ＊ 小学校で育てる！多様に生きるチカラ

2 新しい環境になじむ① 〜6つのものさし〜

ねらい 進学すると校舎の違いにはじまり、仲間、先輩、先生、教科、授業の内容など、さまざまなことが大きく変わっていきます。教科担任制や部活動などの新しい活動が入ることで、しくみも大きく変わります。新鮮なことばかりで、それになじむのは簡単ではありません。つまずきを事前にイメージしながら、小学校で準備をしておくことが大切になります。

＊指導のコツ1　新しい環境になじむための6つのものさし

小学校を卒業する際には、次の6つのものさしを子どもたちにもたせてあげましょう。

① 人間関係
② 学習関係
③ 行事関係
④ 部活動関係
⑤ 進路関係
⑥ 校外関係

① 新しい人との出会い、人間関係の広がりがあること。
② 学習量の変化、教科担任制、放課後学習など学習に関わる変化があること。
③ 行事は小学校と中学校では位置づけも、活動の質も大きく異なること。
④ 部活動は子どもたちの生活の真ん中に位置していること。（新しい人間関係や学校外とのつながり、勉強との両立などが必要になります。そうした、部活動の比重の大きさを小学校の先生も十分に意識して、子どもたちをサポートしてほしいです）
⑤ 中学校は、義務教育の後半であり、出口がはっきり見えてくること。（進路をどうするかの切実さが増します）
⑥ 部活動での交流、さらにスマホなど、圧倒的に校外の関わりも増え、自分たちの世界が広がる時期だということ。

これらのものさしを子どもたちや保護者と共有し、十分に準備しておきましょう。

＊指導のコツ2　中学校の先生の出前授業

1　保護者も不安

保護者会に中学校の先生に来てもらいましょう。中学校では高校の先生を招いて、進学説明会をするのが一般的です。小学校でも中学校の先生に来ていただく場があるといいでしょう。

心配ごとは、子どもも保護者も同じです。保護者会に中学校から教務や生徒指導の先

生に来ていただいて、「中学校ってどんなところ？」という内容で出前授業をしてもらいましょう。進学後につまずきがちな子どもの事例や、進学までに準備しておくことなどを話してもらえると、効果的です。

また、来ていただいた先生には、実際に授業をしていただくこともお願いしましょう。保護者も参観できると、なお有効です。

2 中学校を知るいろいろな方法

中学校の先生に授業をしていただく以外にも、担任が事前に中学校におもむいてリサーチし、それを保護者会で紹介をするということも有効な方法です。

また、中学校の１年間の年間行事表を使いながら周知する方法もあります。

小学校には、校区内の中学校から学校要覧や学校の経営方針などをまとめた冊子が配付されており、そのなかには、年間行事予定表も収められていると思います。

保護者会の席上で、こうした資料を配付したり、実物投影機で提示することも効果的です。もちろん、それらの資料をもとに、子どもたちとぜひ話し合ってみましょう。

子どもたちがイメージできていない行事などもたくさんあるはずです。こうした場面を保護者にも見ていただくことで、子どもたちがつまずきそうなポイントを事前に知っていただくことにつながります。

＊指導のコツ３　中学校での授業体験・行事体験

卒業をひかえた子どもたちは、中学校の教室で授業を体験することも重要です。

入学説明会でも授業をしてもらえますが、特別プランで行う場合が多いので、ここでは普段の授業をしてもらえるようにお願いしましょう。

また、他校の小学生との交流の場にもなるようにお願いすることも大切です。

授業時間としては、50分間授業を２コマ続けるのがおすすめです。授業内容はできれば英語や技術など、まだ本格的には勉強していない教科だと、より有効です。

こういった形式の授業を、できれば通年で何度かお願いできると効果的です。

実際に中学校の行事に、行くようにうながすことも重要です。なぜなら、学年の枠組みをはずした縦割りで実施するなど、規模も小学校に比べて大きいからです。

中学校では受験期に志望高校の行事や学校公開に行くことを積極的に推奨しています。小学生が見に来ることも大歓迎のはずです。

その際は、保護者や担任も一緒に行きましょう。それが難しい場合は、担任が撮影してきて、その様子を子どもたちが見ることだけでも、十分に価値があります。

① 中学校の先生と積極的に交流する機会を用意しよう。

② イベント的・単発の活動ではなく、進学していく準備期間であることを日常的に意識できるしかけを用意しよう。

③ 説明だけでなく、自ら体験して肌で感じる機会を大切にしよう。

第6章 ＊ 小学校で育てる！多様に生きるチカラ

③ 新しい環境になじむ②
～交流が子どもを支える～

ねらい 将来にわたり、先輩との交流はとても大切です。しかし、リーダータイプだった子どもほど、先輩との差を知り、自信をなくしてしまうこともあります。単純な上下間の関係などに悩まされず、さまざまな交流が未来への投資であることを伝えましょう。将来を見据え、今を考える目をもつことで、個々の出会いを大切にしていく気持ちを育てることが大事です。

＊指導のコツ1　ようこそ先輩授業！

知らないことが起きればだれでもびっくりするものです。「こういうものらしいよ」とわかるだけで、子どもたちの進学後の立ち居振る舞いが違ってきます。

来たれ！中学生の先輩

中学校では、高校生の先輩に教室に来てもらうことも増えてきています。

中学校の様子。先輩である高校生に来てもらい、高校の様子を話してもらっている

小学校でも入学先の先輩が先生となる異学年授業体験を積極的に行ってはいかがでしょうか。中学校区での学校連携は必須です。そのはたらきかけの核が小学校の高学年担任です。

たとえば、前年度のうちから卒業予定の子どもに「次年度の高学年生徒のために来てほしい」と話しておきましょう。この実践は何年も続けることで、その校区の伝統になり、準備もスムーズになっていきます。

話してもらう内容は、進学後の部活動も含めた1日の生活を、どう自分なりに過ごすかが考えられる内容になるといいです。P.118で述べた6つのものさしなどを基準に、教師が必要に応じてインタビューをするなどして話を引き出してあげましょう。

先輩の数は、40人学級なら6人程度呼ぶのが目安です。

特に、中学校での日課や生活の様子などが重要です。映像もまじえて話してもらいましょう。部活動を決めるところから、練習、活動時間、主要な大会のことなども話してもらいます。各部活の実績や先輩の様子、顧問の特徴などの情報も有益です。

また、部活動を選ぶ段階では、友達に流されず自分で選ぶことがとても大切です。先輩の失敗事例などを語ってもらいましょう。入学したての時期にすぐ近くに座ってできる一時的なグループの関係で部活動を選んだりせず、自分にあったものを選ぶという価値を伝えてもらいたいところです。

先輩に話してもらったことについて、先輩も含めた全員でディスカッションすることも有効です。

指導のコツ2　ようこそ先輩授業！（番外編）

大人である保護者も、初めてのことや知らないことにはとまどってしまうものです。

来たれ！中学生の先輩の親

番外編として、実際に中学生の子どもをもつ保護者に、保護者会などで話してもらうことをお勧めします。

高校では大学生が就活の状況などをリアルに話すカタリ場の活動が注目されています。中学校でも同様の実践に取り組む学校や教室が少しずつ増えてきているのです。

小学校で行う場合は、先輩である中学生の保護者の方何人かに来ていただいて、グループワークなどが一緒にできると保護者の不安も少なくなり、理解も深まります。

初めから話し合いのテーマを設けてもよいのですが、まずは小学生の保護者がもつリアルな不安を先輩にぶつけて、それにアドバイスしてもらう形式をとりましょう。

不安や疑問、願いをみんなで共有する時間がもてるのは、とてもステキなことです。

指導のコツ3　未来の友達との交流授業！

小規模小学校の子どもたちにとっての中学校入学は、大規模小学校のなかに転校するようなものです。

この問題は従来から指摘され、対策も取られてきました。

これからは、中学校で将来学年を形成するであろう町内児童同士の交流授業が一層欠かせないものになってきます。ていねいに何度も準備していくことが大切です。

そのために小学校同士の交流授業はぜひ中学校の校舎を活用したり、中学校の先生に授業をしてもらったりしましょう。

管理職に動いていただきながら、こうした流れをつくり、子ども同士の交流が早くからどんどん進むようにしたいものです。

交流授業の様子

「理想のクラス」について、保護者なども見ているなかで話し合っている

ホワイトボードに話し合って感じたことをそれぞれが書き、代表者が発表している

注意して指導するポイント

① 年齢の近い先輩との出会いで、卒業後の不安を小さくしよう。

② 将来の仲間との交流も積極的にすすめよう。

③ 保護者の安心感を高めて、子どもの不安も軽減させよう。

第6章 ＊ 小学校で育てる！多様に生きるチカラ

4 コミュニケーション術

ねらい これまでもくり返し述べてきましたが、将来のことを見据えると、物事を自分自身で自分の適性にあわせて選んでいくという経験はとても大切です。また、アサーショントレーニングなどを用いて、先輩や友だち、教師との関係を築いていくうえでの、断り方やお願いの仕方などの練習も経験しておくことは、将来においてとても役に立ちます。

＊指導のコツ1　アサーション・トレーニング

　アサーション・トレーニングとは、「自分と相手を大切にする表現方法」の練習です。

　未来において、自分の意にそわないことへ協力をお願いされたり、余裕がなくて仕事を引き受けられないことがあります。そうしたときに、相手に自分のことをわかってもらい、穏やかに断る力は重要です。

　逆に自分が厳しい状況に陥り、だれかにお願いしなければならないとき、手助けしてほしいときなどにこの言葉かけの仕方が身についていると、とても役に立ちます。

　実際にアサーションが必要な例は、「家族で映画を観に行く予定だが、大切な友人から遊びに来てと誘われてしまった」「大切な友人に夜遅くまで一緒に遊ぼうと誘われてしまった」などです。相手との関係性を考えると断るのは簡単ではありませんが、アサーション・トレーニングの経験があると、上手に乗り切ることができます。

　断り方にしぼって話をすると、「自分の気持ちや、状況などを相手にしっかり伝える」「そのうえで、どのようにすればいいか相談する」「別な案や折衷案などの譲歩案を出す」などが一般的です。友だちや先輩との

学校でよくある場面を設定して、子ども同士で練習をしてみることはとても有効です。

　また、友だち同士でケンカをした場合には、一旦冷静になった後で1人ずつ話を聞くのが効果的です。その際には、相談室などで教師と2人きりになり、その経緯をホワイトボードに時系列で書いて話し合いましょう。

　こうすることで、視覚的にも自分の行動が認識でき、次はどうしたらいいかが冷静に判断できるようになります。これも、アサーションを用いた1つの例です。

✴指導のコツ2　毎週席替え実践！

自分で選択した経験が少ないと、自分の選択に自信をもつことができません。

そこで「自分で考え、自分で選び取っていく力」を育てるためには、小学校時代からたくさん選択する経験が必要になります。

たとえば、中学校での部活動は将来を見据えたキャリア教育の視点からも重要です。また、日常生活のなかでも大きなウエイトを占めていて、きわめて重要な位置にあります。

しかし、友だち関係やあこがれだけで最初に選んでしまうと、途中でやめることもできず、失敗する例が多いのが現実です。

多様な人と多様な関わり方をする

私はこうした状況に子どもたちが陥らないように、席替えを毎週の初めにくじ引きで行っています。こうすることで、嫌いな人とでも1週間は隣にいて話し合いなどをしなくてはならなくなり、偶然性や多様性に強くなる素地が生まれます。

もちろん、これだけでは関連性は変わりません。あわせて、プロジェクトアドベンチャーの活動などにある協同型のじゃんけんゲームなど、小さな活動も日常的に行うことで、コミュニケーション力をじわじわと育てることができます。

✴指導のコツ3　先輩との関わり方のコツ

先輩にあわせた関わり方の必要性を教えておくことも重要です。残念ながら、先輩に引っ張られて適切ではない道に流されてしまう子どもも多いものです。

1 教師自身が語る

すてきな先輩像を、教師自身の経験を元に話しましょう。

2 子ども同士で理想を語る

最高学年として、どのように後輩と接すると後輩が生活しやすいかをみんなで考えることも大切です。

先輩後輩間で挨拶をした、しないなど残念なやりとりを交わすよりも、まずは、挨拶してもらえるような先輩に自分がなるのです。そのために「自分を磨く」という意識を十分もてるように小学校時代から考えましょう。

近い将来、すてきな先輩を選んでいくためにも、大切な経験になります。

注意して指導するポイント

① 自分の気持ちを直接的に伝えたり、ときには断ることができる技術を教えよう。

② 1人でもみんなでも活動できるように、いろいろな関わりの場面をつくろう。

③ 再び最高学年になったときに頼られる存在になれることを考えて関わり方を話し合い、考えていこう。

第6章 ＊ 小学校で育てる！多様に生きるチカラ

5 アクティブ・ラーニング①
～仲間との学び・協同学習～

ねらい 一昔前とは、子どもの生活状況が変わり、考え方や行動の規範も違ってきています。子どもたちの多様な特質がこれまで以上に際立つようになったのです。そのため、これまで以上に子どもたち同士が話し合い、対立を越えて新しい解決の方向・よりよい学びの形を生み出していく経験を用意することが、教師には求められているのです。

＊指導のコツ1　アクティブ・ラーニングの必要性とは？

　アクティブ・ラーニングは2020年度学習指導要領改訂のキーワードの1つです。

　これまでの学校は、決められたことを決められた通りにできる「よい子ども」が求められがちでした。

　しかし、これからは1人ひとりが自ら考え、自分自身で選択できる力が求められていくようになります。

　こうした力を育てていくためには、多様な人と関わり多様な考えに触れ、ときにはぶつかり合いながら解決策を見つけ、折り合いをつけて先に進んでいく経験が重要になります。仲間同士での学び合いや練り合いが求められているのです。

　現在実践化が進められているアクティブ・ラーニングは、具体的に学習形態や方法を変えて、子どもたちが将来にわたって主体的・対話的で深い学びを実現することを目指しています。

＊指導のコツ2　仲間と関わる力をつける ～協同学習～

　伝統的な日本の学習のなかにも、協同学習と類似の取り組みをたくさん見つけだすことができます。

　しかし、現在注目を集めている協同学習実践の多くは、基本的に多様な文化的背景をもつ子どもが学ぶ欧米各国に、その出自をもつ学習スタイルです。

　今ではいくつもの形態が知られていますが、日本の伝統的な学習スタイルともよくマッチすると考えられているのは、スペンサー・ケーガンの4つの指標（互恵的協力関係、個人の責任の明確化、参加の平等性、相互交流の同時性）を柱に据えている協同学習でしょうか。

　早くから日本国内でも紹介されたジグソー学習や、ジョンソン,D.W.らが『学習の輪』（二瓶社）で紹介しているラウンドテーブルなどは、すでに広く学習の場で活用されています。小学校の高学年でも十分に体験させたいプログラムです。

　また、近年ファシリテーションの手法として紹介されているワールドカフェなどは取り

組みやすく、比較的成果も上がりやすいので、お勧めできます。

遠足や運動会などの行事における学びの記録化（ポートフォリオ化）やふり返りの時間の確保も重要です。

行事終了後に作文を書いておわりではなく、取り組みのプロセスをファイリングしたり、子どもたち同士で制作物に取り組んだりしましょう。

十分に学習のふり返りや価値づけをすることが、とても重要なポイントになります。

＊指導のコツ3　ホワイトボードで可視化実践！

もう1つお勧めはホワイトボードの活用です。

著名なファシリテーターであるちょんせいこさんが提唱しているホワイトボード・ミーティングです。これは、子どもの学習場面においても、また教師同士のケース会議などにおいても、議論が可視化されるということを越えて、大変有効です。

ちょんさんの提案するいくつかのプログラムやオープンクエスチョンなどの手法を組みあわせることで、言語情報の処理が苦手な子どもや、集団のなかでうまく折り合いをつけられない子どもなども、議論のプロセスにしっかり参加できます。

こうしたツールを用いた学習経験も、小学校のうちにたくさん経験させておきたいことの1つです。

「蜘蛛の糸」の読み
自分が主人公と同じ立場に置かれたらどう行動するかを各自が意見を書く

ホワイトボードを4分割し、それぞれの感想を書いている。その後、班での発表へ

ホットシーティング（インプロ）
代表者が前に座り、読みもの教材の登場人物や物に即興で成りきって、周りの質問に答えていく

質問はホワイトボードに書く。代表者も質問者も自然と教材の文を読み込むことができる

注意して指導するポイント

① 子どもたちが積極的に話し合いに参加し、楽しく取り組める手法やツールを知ろう。

② 就労までを見通し、みんなで支え合うコミュニティづくりという素地を小学校時代から集団で共有できるようにしよう。

③ 学校は言語情報優位な場所なので、可視化するなどして、さまざまな学び方の可能性を教師から提供しよう。

第6章 ＊ 小学校で育てる！多様に生きるチカラ

6 アクティブ・ラーニング②
〜個人での学び・選択授業〜

ねらい いろんな学び方にトライし、失敗を経験しながら深く考え自分にあった学習方法を探し出していく体験は、自分で考えて選び、行動していけるようになるためにとても重要です。ノートの取り方1つにしても、一律同じ方法ではなく、教科や学習内容によって自分なりに考えていける機会をたくさん小学校時代から保障することが大切です。

＊指導のコツ1　マルチピザを活用する

　1つの絵が鳥や老人に見えたりする「だまし絵」は、人によってとらえ方や見え方が大きく違う例としてよく用いられます。

　そのように考えてみると、学び方についても1人ひとり得意なタイプが違っていることがイメージできると思います。

　ハワード・ガードナー（ハーバード大学）は、『MI：個性を生かす多重知能の理論』（新曜社）のなかで、人間には8つの知能（言語、論理数学、空間、身体運動、音楽、対人、内省、博物学）があり、それを組みあわせながら、外界を理解しているとしています。

　国立特別支援教育センターの涌井恵さんの研究グループは、それを『学び方を学ぶ』（ジアース教育新社）のなかで、右図のような子どもが自分で使える簡単な図式にして、授業で活用できるようにしています。

　この図を使いながら、自分が今進めている学習が主にどの認知特性を組みあわせて活用しているかを考えていくことで、自分の特性を理解し、自分の強みを子ども自身で発見していくことができます。

　たとえば長期休暇中の学習・生活計画表なども、同じ1つの物だけでなく、いくつかのパターンを準備して、子どもたち（全員）が自分の学びのタイプを考えて選べるように工夫するとよい経験になります。

子ども向け説明つきのマルチピザ・ポスター
涌井恵 編著『学び方を学ぶ：発達障害のある子どももみんな共に育つユニバーサルデザインな授業・集団づくりガイドブック』（ジアース教育新社）から引用

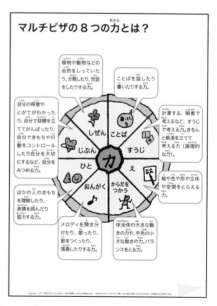

中央のピザは、Armstrong T.（2000）古田新一郎訳（2002）『「マルチ能力」が育む生きる力』（小学館）を参考に涌井恵さんら（2014）が作成。子どもに理解しやすい言葉と絵で、8つの知能を表している

*指導のコツ2 学習場所・時間・ペース・内容・相手を選べるように！

1 個別化・協同化・プロジェクト化

　授業や学級活動において、子どもが自分で自己調整しながら学び続けるための具体的なキーワードは、「仲間を選べる」「学習サイズを選べる」「学習内容を選べる」「学習順番を選べる」「学習場所を選べる」といった5つになります。

　熊本大学教育学部准教授の苫野一徳さんは『教育の力』（講談社現代新書）のなかで、これからの学習を考えるキーワードとして「個別化」「協同化」「プロジェクト化」が同時に成立するような授業の場づくりを実現することを目指そう、といっています。

2 ライティング・ワークショップ

　これは私が実践している、子どもが自分でカリキュラムをマネジメントする作文の授業の手法です。この授業では、担任の裁量による一定の枠組みのなかで、すべてのことを自分の判断で決めることができます。

　1人ひとりが作家ノートと呼ばれるノートを持ち、友達と一緒に書く or 1人で書く、提出する or 提出しない、フィクション or ノンフィクション、などを各自が選択して決めていきます。

　また、書く場所や書くペースも、パソコンなどでの調べ物や、図書資料を活用したりすることも自分の判断で決められます。

　この方法では作文を苦手としていた子どもが、ユニークで表現豊かな作品をたくさん書けたり、書きなじんでいけたりします。

　これまでの作文指導は、おおむね1人で机に向かうことが要求されてきました。

　しかし、それがあわない子どもは、その環境のなかで苦しんでしまっていました。

　こうした子どもたちが書き続けるという経験ができ、たとえば日常を書くことでふり返りできるようになれば、すばらしいことだと考えています。

ライティング・ワークショップの様子

学校図書館を選んで友だちと作品を交流しながら書きすすめている

1人で自分の書きたいことに思いを巡らせつつ資料を見ながら書いている

注意して指導するポイント

① トライアルアンドエラーをくり返しつつ、学ぶ機会をつくろう。

② 将来子どもたちが深く考え、行動できる素地を育てるために、仲間と学び、その学び方を交流する機会を用意しよう。

③ 学び方を選択していく力は、子どもが自分の進む道を決めていく力になることを知ろう。

第6章 ＊ 小学校で育てる！多様に生きるチカラ

7 優先順位をつける

大人になるにつれて、いろんな仕事を同時に処理しなければなりません。その際に必要な力が自分で「優先順位をつける」です。また、忙しくなる時期の予測も大切です。
忙しくなると、心に余裕がなくなり、友人に心ない言動をしたり、不登校気味になる子どもも出てきます。自己調整する経験を、早くからたくさんしていることが大切です。

＊指導のコツ1　優先順位のつけ方

小学校でも運動会や学習発表会などの時期、子どもたちは自分が取り組まなければならないたくさんのことに押しつぶされそうになってしまいがちです。

こうした時期には、自分が抱えていることをホワイトボードに書き出して可視化し、それを俯瞰することをしましょう。そのうえで、優先順位をつけていく作業に取り組むと大変有効です。

最初はうまくできませんが、何度か経験していくうちにどんどん自分で見通しを立てられるようになります。

また、学習発表会の時期など行事が重なる時期に、提出期限や取り組みの規模の違う宿題をいくつか出しましょう。そして、実際にどんな順番で取り組むかを自分で決めたり、友だちと話し合ってよりよい方法を探ったりする活動をすると効果的です。

あらかじめ学習計画表などを配付してあげることも重要です。その際にいくつか形式の違う計画表を配付することをお勧めします。

自分が選択できる状況をつくることは、優先順位を考える経験にもなるのです。

＊指導のコツ2　一時に自分が取り組める量の知り方

「自分がどのくらいの情報処理をどのくらいのスピードでできるのか」子どもはあまり自分ではわかっていないものです。

全員で同じ活動をする

授業で少し長い詩を正確にノートに書き写す学習などに、時間を計って取り組んでみましょう。

こうした同じ活動をすることで、ほかの人とのペースの違いを感じつつ、自分の処理能力を客観的に知ることができます。

音読やちょっとした手作業などの機会に自分の現状の力が把握でき、取り組む仕事の量や時間、技量との兼ね合いなどがだんだんと自分自身でつかめてくるはずです。

*指導のコツ3　上手にやりすごす力を！

　コツ2までのような手立てをくり返しても、忙しい時期には厳しい状況に追い込まれがちです。これは大人もそうなのですから、子どもがそうであるのは当たり前のことです。そこで、苦しいときに上手にやり過ごす力が求められることになります。

1　子どもが「ホッ」とできる場をつくる

　中学校ではテスト前後では保健室利用が急増したりします。この傾向は、特に家庭でのプレッシャーが強い子どもや、完璧を目指しがちな子どもに多いです。

　そういった子どもには、中・長期的に目標を立てることを教えましょう。

　また、自分が「ホッ」とできる場面や趣味などを自分のなかではっきりさせるために、対話的に引き出して確認したりすることも有効です。

　私は「ホッ」とできる場づくりのためにも、教室の一番後ろのスペースをたたみにしています。こうした子どもがくつろげるスペースを教室などにつくるといった手法も全国に少しずつ広がっています。

　くり返しになりますが、上手にやり過ごす力は、選択する経験が豊富にあり、仲間同士で協同的に活動する経験が豊富であることで、より育ちやすい力です。自分のことを話せたり認められたりする経験のなかで、自己肯定感を高めていける子は、厳しい状況でも上手に乗り越えていけます。

たたみスペース

教室を前から3分割し、最後列の教室の後ろのスペースにたたみをしいている

2　養護教諭との連携が重要になる

　養護教諭に早くにＳＯＳを出せる子どもは、学校でなんとか生き抜いていけます。

　また、養護教諭は子どもたちのさまざまな情報をもっています。担任が日常的に養護教諭と情報交換することで、子どもたちの未来に向けて育てなければならない個々の力が、いろいろと見えてくるものです。

　そうした情報を元に、特にがんばりがちな子どもに、ポイントをしぼった取り組み方や、力の抜き方、満点を目指さない目標設定の仕方などを教えましょう。もちろん、簡単にＳＯＳが出せない子どものためにも好きな音楽を聞いたり、1人の時間をつくったり、友だちとゆっくり話したり。

　そういったセルフマネジメントの方法を、担任が一緒に考えることも大切です。

注意して指導するポイント

① たくさんのことに同時に取り組む経験をもたせよう。

② 自分にあう取り組み方を、仲間との関わりを通して考えさせよう。

③ ピンチを切り抜ける対処の仕方を考えさせ、ヘルプを出せる相手をもつことの大切さも教えよう。

第6章 ＊ 小学校で育てる！多様に生きるチカラ

8 特性のある子ども① 〜じっとできるようにする〜

事例 授業時間の最初から落ち着かず、手悪さをしたり足が終始動いている子どもがいます。ふと目を離した間に立ち歩いていることも多々あり、学習規律が身につきません。全校集会などで、きちんと座っていないときも落ち着かず、いろいろな先生によく注意されています。このような子どもにはどのように対応したらよいのでしょうか。

＊指導のコツ1 動かすことで、じっとできる

　小学校を卒業後、席に着けないという話はしばしば聞きますが、じっとしていられないという話はあまり聞きません。

　まだ仮説の段階ですが、「多動」は年齢とともに少しずつ治まってくると考えられます。

　なので、先生方が「小学校のうちからじっとさせないといけない」と考えるのは、あまり正しくないようです。

　では、動き続けることを放置しておけばよいかというと、そうではありません。

　実は、しっかり動かすことで、少しずつ座ることができるようになるのです。

　たとえば、
「机を離れて、5人の人と話をしよう！」
「時間は『3分』！」
　などといった活動を授業のなかに組み込むのです。

　このように、立ったり座ったり、教師の許可を得て動き回ったり……。

　そうすることで、じっとしていられなかった子どもが、だんだんと落ち着いて座ることができるようになっていきます。

＊指導のコツ2 「叱る」ことに安易に頼らない

　子どもが無意識に「動く」目的に、「関わり」という刺激を求めている場合があります。

　そして、「叱る」というのも、濃厚な「関わり」の1つです。

教育的無視をする

　場合によっては「見て見ぬふり」「気づかないふり」などの教育的無視をすることによって、それらが治まることがあります。

　また、発達特性をもった子どもが、不適切な行動をとってしまうのは、多くの場合、周囲の環境がその子どもにとって、「不安」と「緊張」をともなうからです。

　「叱る」という行為は、その「不安」と「緊張」を助長します。

　「いや、私が叱るとじっとできますよ。やり方が悪いんじゃないですか？」

　なんていう先生もいらっしゃるかもしれ

130

ません。
　しかし、その先生の「前」ではできていても、ほかの先生やほかの場所ではどうでしょうか。
　逆に、今まで以上に困った行動が増えていませんか？
　あるいは、次の学年でさらに大変なことが起こっていませんか？
　「恐怖」に対して無理に無理を重ねることで「リバウンド」を起こすのです。
　　外への攻撃的なリバウンド
　　　　→ 暴力などで自分を表現する。
　　内（自分）への攻撃的なリバウンド
　　　　→ 極端な無気力になる。

こういった結果を招くことになります。「叱る」という安易な行為は、できる限り少ない方がよいのです。

＊指導のコツ3　「慣れる」ということ

　少しずつ「慣れる」ことも大切です。
　スモールステップで、少しずつ自信を失わないよう、短い時間から慣れさせていくこと。
　それによって、少しずつじっとすることができるようになってきます。
　また、教師の指示を理解していない可能性があります。
　そのような場合は、「○分までね」と、見通しをもたせて少しずつ「できた」経験を増やしていくとよいのです。

注意して指導するポイント

① 教師の指示や許可をもとにたくさん動かそう。

②「叱る」だけでなく、対応の仕方を変えよう。

③ スモールステップで「できた」経験を増やしてあげよう。

第6章 ✲ 小学校で育てる！多様に生きるチカラ

❾ 特性のある子ども②
～得意なこと・不得意なこと～

事例 「どうせ、ぼくなんかだめなんだよ～」と叫び出す子どもがいます。
自分に自信がなくて、友だちに攻撃的な言葉をはいたり、暴力的な行動に出たりすることもしばしばあります。できないことがあり、常にいらいらしている様子も見られます。
しかし、人には苦手なことも、得意なこともそれぞれあるはずなのです。

✲指導のコツ1　苦手なことに注目しない

さまざまな場面で発達特性をもった子どもには不適切な行動が見えるかもしれません。ついつい、「あれが困る。これが困る」「あれができない。これができない」あげくの果てには「あの子どもはダメ」。

もちろん、特性のある子どもは「今の学校教育」のなかで、適応できづらい「面」はあると思います。

本人に「苦手」と伝えてあげる

それが単に「自分にとって苦手なこと」に過ぎず、「だれにでも苦手なことはある」ということを教えます。

「あなたは○○が苦手だよね。先生が○○食べるのが苦手なのと一緒だね」と、「できない」のではなく、「○○するのが苦手」ととらえさせましょう。そう伝えることで、自分の苦手なことを受け入れ、その対処法を少しずつ身につけるきっかけとなります。

「目が悪ければ、眼鏡をかけるのは当たり前。苦手なことがあれば、助け合うのは、当たり前」

そういったことを子どもに伝えるとともに、教師である自分自身の心の構えもつくるために、そんな話をしましょう。

✲指導のコツ2　対処方法を教える

苦手なことを伝えるだけではなく、その対処法もあわせて教えることを、セットで考えないといけません。

たとえば、もの忘れがある子どもには、「ポストイットにメモをして、机に貼る」という方法を教えて、活用する機会と時間を与えます。

「動きたくて仕方ない」子どもには、ノー

机に貼ったポストイット

トにメモをすることや手を挙げたりすることを教えます。少しでも体を動かすことができ、楽になります。

「見通しをもちたい」子どもには、今日何をするかを尋ねます。順番がわからなくなるなら、数字を使って、順番を書いておきます。

そして、「わからないこと」を「わからない」ということは、恥ずかしくないことも何度も伝えていくのです。

そして、それでも心が傷つけられるほど苦しいなら「逃げる」「その場にいない」という選択肢もあることを教えましょう。

苦手なことと一緒にそういう対処法もあわせて知ることは、その子どもの人生にとてても大切なことです。

*指導のコツ3　得意なことにこそ注目する

苦手なことに注目するのではなく、できていることや得意なことに注目しましょう。

そして、その子どもの得意なことは明確に伝えます。

そうすることで、その子どもが活かされる場面が必ずできてきます。

伝えることで、将来の人生の選択にも役に立ちますが、自分が認められている環境があるということは、その子どもにとって「安心」できる場所となります。

注意して指導するポイント

① だれにでもある苦手なことに注視しない、させないようにしよう。

② 苦手なことに対する「対処法」を具体的に教えよう。

③ 得意なことに注目することが、その子どもの人生を支えるきっかけになることを知っておこう。

第6章 ＊ 小学校で育てる！多様に生きるチカラ

10 特性のある子ども③ 〜友だちの理解を得る〜

事例　「別に仲良くならなくていいし」と平気でいい放つ子どもがいます。その一方で、表現の仕方が上手ではなく、仲良くなりたいのに周囲の子どもから疎まれたり、阻害されたりしている子どもがいます。ほかの子どもなら許されることでも、「その子」がいうと、強烈なだめ出しをされることも多々あります。そんな子どもをどうしていけばいいのでしょうか。

＊指導のコツ1　周囲の子どもの理解をうながす

100mを10秒台で走るのは多くの場合、大人でも難しいことでしょう。

ほかの子どもには簡単に見えても、その子どもにとってはすごく難しいことがある、ということを周囲の子どもに教えておくべきです。

また、「やらないのではなく、本当に苦手でできないことがある」ことを伝えます。

「○○君は、じっとしているのが苦手なんだよね。先生も子どものころ同じだったからよくわかるよ」

すると、周囲の子どもの対応は少しずつ柔らかくなっていきます。

「わざとやっているんじゃないんだ」と理解するのです。

もちろん、その子どもの自己肯定感が下がらないように、配慮しながらです。

また、本来は人と関わるのが大好きでも、本人のもつネガティブな要素から「嫌なこと」があったり、失敗をしたりした結果、人付き合いが苦手になった子どももいます。

そういう場合は、まず教師が安心して付き合える「他人」になってみましょう。

そして、それと同時にその子どものよいところを必死で見つけ、ほかの子どもに伝えるのです。

「○○くんは□□が得意」

「△△さんはこの間、こんなことをしていた」

少々奇しげな行動をしている子どものなかには、集団との関わりのなかで安心できていない子どもがいます。

そういった子どもは「認められ感」が少ない子どもかもしれません。

叱ることでうまくいかなければ、叱らないという方法をとることも意味があり、ここでも「教育的無視」を使います。

「見なかったふり、聞かなかったふり」をするのです。

ただし、そのまま放置していては、ほかの子どもたちが納得しない場合もあります。

叱るのではなくほかの子どものよい状態をほめることで、基準を示すのです。

そのうえで、その子どもの今の状態をほかの子どもに説明しましょう。そうして、全体としての方向を示しつつ、放置したり受けとめたりすることで、結果的に落ち着き、周囲の理解が進むようになります。

＊指導のコツ２　授業のなかでつなぐ

じっと座って先生の話を聞いている受動的な座学を発達特性のある子どもは苦手にしている場合が多いです。そういった子どもがいる場合は「ひらめき」や「行動力」などの「能動性」を大切にした、「活動」や「協同」のある授業をしくんでみましょう。

そうした授業のなかでは、子どもたち同士の関わりが見えるようになります。

「適切な付き合い方がわからない」という子どもも、自分でわからないままで、適切な関わり方をしていることもあれば不適切な関わり方をしている場合もあります。

「適切な行動」は指摘し、「それいいね」と具体的に価値づけしてあげましょう。

それをくり返し、本人が意図して行動し始めれば、その行動が定着してきます。

そして、ほかの子どもが適切な関わり方をしていたら、それも見つけ具体的にほめましょう。可視化できるその行動が、その子どものためのモデルになります。

また、独特な興味のもち方をしているがゆえに、友だちと話があわない子どもも、同じ課題であれば、話をあわせることができる時間を共有することにつながります。

能動的で活動や対話のある「協同的な学習」には、このような価値があるのです。

注意して指導するポイント

① 周囲の子どもに「だれにでも苦手なことがある」ということを伝えよう。

② 教師が、その子どもを丸ごと受け入れ「安全基地」になれるようにしよう。

③ 子ども同士をつなぐ授業をしよう。

コラム

「引き継ぐ」ということ

　以前の学校での出来事です。転勤してすぐの年、副担任として中学校1年生の学年団に配属になりました。
　すでに小学校との引き継ぎはおわっていて、3学級全員の子どもたちの情報を新学年団全員で共有する会議をしました。
　そこで、ある生徒について「場面かんもく」であるという引き継ぎがありました。
　「授業中など指名してもしゃべらないことがあるそうです」、と小学校から引き継ぎを受けた若い教師が話しました。
　ぼくはその先生に「場面かんもくって、熱がありますとか、吐き気がありますとかいうことと同じ。つまり症状だよね。起きる症状だけを引き継ぎされてきても、どうすればいいのかわからないよねえ」、と。
　これも以前の勤務先でのことです。同僚の特別支援教育コーディネーターが小学校のコーディネーターと引き継ぎをしました。
　小学校の先生が支援学級在籍の子どもについて、ていねいにお話をされたそうですが、同僚はあまりにも詳細な情報提供なので「そんなに細かな話はいりません、予断を排して子どもと関わりたいので」といったそうです。それで、相手の小学校の先生と感情的なやりとりになってしまったらしいのです。

　当たり前のことですが、引き継ぎは子どものことを思えばこそ行われるもの。
　しかし、それを人間同士がやりとりすることで、さまざまな行き違いや感情のぶつかり合い、あるいは不十分さが結果として出てしまいがちです。
　子どもの情報を関わっていくすべての人たちが共有しながら、育ちに関わっていくことは大切です。そのために大切なことは、何よりもその子どもの生活や学習、そのほかのさまざまな要因にまなざしを向けて、俯瞰的に未来志向で関わってあげられることが大事になります。大切なことは、子どものイメージを具体的にもちながら関われるかどうかでしょうか。

　中学校の教師である私が、引き継ぎのときに大切にしているポイントが5つあります。

1 中学校の教師が小学校へ行く

　私は小学校の教師が中学校区に行って引き継ぐのではなく、中学校の教師が小学校へ行って引き継ぐシステムを提案しています。

　なぜなら、子どもたちが学び、遊び、暮らした場所を感じながら引き継ぎをするということが、子どものことを知るのにとても大切なことだからです。何か知りたいことがあったときに、必要な資料なども見せてもらいやすくなります。

2 ネガティブな情報も開示してもらう

　小学校の先生にはネガティブな情報も含めてしっかり開示するようにお願いしています。

　育ちの過程をみんなで共有することこそが、子どもを幸せにしていく重要なポイントであると考えているからです。

引き継ぎ時の写真

3 双方複数人で行う

　引き継ぎはぜひ双方複数人で行いましょう。

　1人の子どもを多様な視点からとらえるということは、とても大切なことです。自分1人で聞いていたのでは、気づかなかったことが出てくることもあります。

4 教室運営のしくみについて聞く

　個々の子どもについてのやりとりだけでなく、教室運営のしくみなどについても引き継ぎしたいところです。

　それは、同じようにやらなければならないということではないです。どういうしくみのなかで子どもたちがそれまで暮らしてきたかを知ることは、中学校の教師としても大きなヒントになるはずだからです。

　特に小学校での家庭学習のルールや放課後の個別学習支援の有無などは、現在の成績を下支えしているものを考えるうえで重要です。こうした取り組みによって、なんとか成績が維持されていた子どもは、部活動などで放課後の個別指導が難しくなってしまう中学校で、つまずく可能性が高くなります。

　また、少年団活動や習い事、学童保育の経験などの教室外での情報は、引き継ぎの際に話し漏らしてしまいがちですが、とても重要なポイントです。

5 教師同士が交流する

　最後に、子どもが中学校に入学した後も、小学校の教師がその子どもや引き継ぎをした中学校の教師などと連絡が取り合える関係をきずいていて欲しいと考えています。

　近年は名刺を持つ教師も増えましたが、こうした教師同士のやりとりの際にも名刺交換をしておきましょう。

　そうして継続的な関係をきずき、できるなら中学入学後の5月の連休明けなどの時期に、もう1度小・中の先生同士で交流できるのが一番です。

　実際に経験した子どもの具体的な情報を間にはさんで行うやりとりは、当然のことですが、とても有意義だからです。

＊対談＊ 石川 晋 × 南 惠介

「これからを生きる子どもに必要なチカラとは？」

① 小学校で育てる！学習規律・学習技能のチカラ （本書 P.7〜）

南：小学校は「学習規律」をかなり大事にしています。

石川（以降：石）：中学校の「伝統的なスタイルの先生」も、当然大切にすると思いますよ。
「礼儀」「話を黙って聞く」「挙手」とか。
でも、これからもそのスタイルでいいのか。
また、進学する際に各小学校で違うルールをどう考えるか…。

南：今、育てている力が、この学校だけのものかも知れない、という意識を小学校の教師はもっていた方がいいですよね。
逆に、どんな力がこれからは必要だと思いますか？

石：そうですね、価値を共有して、場に応じて考えられる力が必要だと考えています。
これは、ただ「空気を読む」こととは違いますよ。
「空気を読む」は、教室内の少数派が集団のなかで、意思表示できなくなることです。

南：ですね。

石：それと、中学校は教科担任制なので、忘れ物１つとっても、各先生でルールが違ってくるんです。
うまく対応できない子どもは「大混乱」ですね。

南：私はその辺りのある程度の差異はあってもいいのかな、と思います。「人を見る」力、「人にあわせる」力がつきます。
もちろん、職員同士では話し合うべきとは思いますが。
後は、表面上の学習規律だけでなく、授業の根底にある「学習技能」も、大切にしたいですよね。

石：「学習中に誰とでも話ができる」とか？「学習する場や規模、内容を自分で選択できる」とか？

南：後半、大切ですね。特にこれからアクティブ・ラーニング（以降：AL）が理解されて、進んでいくと必須になる力です。
インクルーシブ教育やキャリア教育の観点からも、実は非常に重要かと。これからは教師がさまざまな方法を提示し、子どもが自分で「選択」するという機会が増えると思います。教師によっては活かされない力になる可能性もありますが。

石：ですが、今回のALの導入は大学入試と結びついていますから、劇的な変化もあり得るとぼくは期待しています。

「子どもが自分で『選択』する」

② 小学校で育てる！国語のチカラ （本書 P.27〜）

南：私は「読む力」や「書く力」が国語の基礎体力として、一番重要だと考えています。

石：ぼくは「読む」ことでいえば、小学校は「基礎基本づくり」と称して、教材を詳細に読み過ぎかな、と。
全体を読むという経験が、物事を俯瞰し、全体像を思い描く力をつけると思うんですけどね。書くことも子どもの思考を遮断する系統的な指導に偏りすぎだと思います。

南：同意です。私が読むことで一番大切に感じているのは、「すらすら読む」「ざっくり読む」「要点をつかむ」の３つかな、と。
後は「作品中から好きなところを見つけられる」「漢字」「多くの名文に触れ、自分の書くリズムをもつ」「辞書を引く」なども基礎体力としては、大事だと感じています。

「教材を詳細に読み過ぎ」

石：なるほど。ぼくは、個人作業で完結せず「みんなで楽しく」経験が積めるといいかなと。読む力も書く力も。
南：読む力でいうと、作品を自分の経験や考えと照らしあわせて読む、というところでしょうか。
私個人としては「読む」というのは、極めて個人的な行為なので、あまり人と共有したくないですが（笑）。
石：作品の「読み」は多様であるということを考えてほしいんです。ここでも「選択」がキーワードだと思います。
南：小学校では、読みの合理性・論理性を中心に教えたいです。
それと作品を味わうことを同一化してはいけないですが。
石：学校が技能訓練の場であるならば、「生涯読む」ことができるように、多様な解釈や読み方に触れる経験をたくさん用意したいものです。あくまでも、将来1人で楽しく読んでいけるように…です。
書くことについても同様で、いかにたくさん書く経験ができるか、ですよね。
読むことも書くことも、基本的にワークショップなのだと考えています。
南：確かに、読むことに比べて、書くことは開かれた学習だと思います。
石：現状では、南さんの話はその通りかな。でも、ぼくは読むことも書くことと同じように開かれた学習であると考えています。
南：いずれにしても、小学校のうちにある程度押さえておきたい力ですね。
小学校の国語テストは、ある程度「読む」ことができていれば簡単なので。
ただ、本来の意味の解釈ができるかどうかや、それ以前に、教師の不十分な解釈を押しつける授業形態には問題があるとは思います。

③ 小学校で育てる！算数のチカラ （本書 P.55〜）

石：国語以外は、ぼくは門外漢なんですが…。でも、基本的な計算ルールなどは、もちろん必要ですよね。
中学校で伸び悩む子どもは、数学的思考が苦手なことが多いかな。
南：単純に計算力だけではダメってことですね。小学校でもその辺りは、すごく大切だと考えています。
ただ、まず計算ができるようになると、数学的思考がしやすい場合もあるんですね。もちろん、逆もありますが。
石：確かにそういうケースもあるでしょうね。
国語では、好きな読み方をしているうちに、必要な読みの基礎技能を獲得するということもありますから。
南：算数も「逆向き設計」できる AL 授業なら可能です。
ただ、算数はゲームみたいなんで、事前にたくさんのルールを知らないとできないんですね。もちろん、最低限のことだけでできてしまう子どももいますが、今の一斉授業的な授業では逐一教えていくしかないと思います。
それに、進学先の現場からは、「しっかり基礎が身についていないと困る」という声が出ます。

「『逆向き設計』できるAL授業」

石：うーん、そうはいわない教師も少しずつですが、確実に増えてきているとも感じますけどね。
南：できれば帯の時間などを活用して、中学生の頭で小学校の基礎的な学習をしてもらえるだけで、たくさんの子どもが救われるのにな、とも思うんです。
ただ、多くの中学校で、基礎的な力がある前提で授業をしている以上、子どもたちが困らないよう可能な限り、小学校のうちにつけてあげたいとは思っています。
石：そうですね。
南：でも、やはり「計算ができるだけ」でもいけないなとも思うわけです。今は「算数科」ということも大切にし、そのうえで、論理的な思考力を育てようと考えています。算数はできるかできないか、はっきりする教科です。嫌いになりやすいですが、思考力を養いつつ、基礎となる知識や考え方を育てることは大切だと思います。

次ページへ

前ページより　＊対談＊　石川 晋 × 南 惠介

④ 小学校で育てる！社会・理科のチカラ （本書 P.83〜）

南：基本的に社会と理科の高学年の内容は、中学校でも教えてもらえるはずなんですね。なので、小学校では内容の理解や知識の暗記以上に、楽しさや追究する面白さ、社会的・理科的な思考力を養うなどの、体験的学びが本来は一番大切かなと思います。

石：ただ、暗記的な部分やノートに書く力（スピード）など、現実的な対応力を育てることも必要なんですよね。

南：はい。それを踏まえたうえで、理科では観察力や実験技能を鍛え、試行錯誤をしていくことなどを教えたいです。
　　すると、苦手意識もなく取り組めて、学習内容もさらに深まると思います。

石：確かに「怖さ」や「苦手意識」は、慣れることで随分変わっていきますよね。

南：そう思います。そのためには最初に時間がかかっても、豊富な観察・実験の体験が必要だと考えています。

石：社会では、「世界を俯瞰する力（地理）」や、「歴史を通史としてとらえる力」などを育てたいですよね。

南：ただ、「世界を俯瞰する力」は教科書をそのまま教えるだけでは身につきにくいんです。以前、有田和正先生が、「都道府県は九九と同じだ」と仰っていました。基本的な知識をある程度覚えることも必要です。

石：なるほど。

南：最近やっと気づけたのですが、子どもたちは世の中のことについて、思いのほか知らないんだな、と。

石：「歴史を通史としてとらえる力」については、どう思われますか？

南：確かにその辺りも大切です。
　　ただ、小学校の歴史学習は人物やトピック重視の人物学習で、通史から迫るのは中学校からということになっているんですね。

石：でも、その人物学習が子どもの興味をうまく引き出せていませんよね。

南：僕はもともと社会科の教員なんですが、小学校の歴史を教えるのが一番難しいですね。

石：今の時代の自分の生活や、経験的実態を重ねる視点を育てることにも苦労されてますよね、小学校では。

南：それに注力すると、テストの点が…。
　　これは社会だけでなく、国語力の問題というか、そもそも教科書に登場する言葉や名前が、小学生には難しいとも感じています。

石：なるほどね。
　　中学校でワークショップ型の授業に取り組むことで、テストの平均点があがるという話も、少なからず聞いたことがありますよ。

南：ぼくも基本的には、『学び合い』やワークショップ型の授業を軸に考えていて、そうした実感があります。
　　しかし、基本的な事項を押さえる必要も感じているんです。

「体験的学びが本来は一番大切」

⑤ 小学校で育てる！生活のチカラ （本書 P.97〜）

南：生活面では、どういう力がついていたら良いと考えていますか？

石：「話が聞ける」「自分の考えを伝える方法をもっている」「3食しっかり食べられる」「謝れる」「許せる」「体調不良を訴えることができる」辺りかなあ。

南：「謝れる」いいですね。

石：「トラブルをできるだけ自分達で解決しようとする」「仲間をフォローできる」「1人になれる」そういうことも大切かな、と。

南：学力面も大切ですけど、この辺りの方が大切な気がします。

石：そうですね。むしろこの辺が難しいことになるんだろうと思いますね。

南：「学校の先生」が思っているより、社会においては学力差については問題にしていない気もします。
　　ぶっちゃけできなくても、幸せになっていることは多い。

石：こうした力があれば、自分で暮らしていけますもんね。もちろん人と気持ちよく生活できるならなおよいです。

南：できた方が可能性は広がるけども、くらいのとらえでもいいかなと個人的には思ってます。
　　人間関係がすごく苦手でも、別にそれでダメ人間というわけではないんだ、ということも伝えたいですね。

→ その分、自分にとって適した場を探す労力やアイデアは必要になりますが、その道が閉じられている訳ではないし、正解は多様ですから。

石：「自分にはあわない場がある」とか「こういう場は苦手」だということを認識して、それに対応する術というものを知っておくのは将来的に非常に大きな武器になると思いますね。

南：それ非常に重要ですね！本当に大切だと思う。

石：（笑）。

南：ただ、現場で学力なんて上がらなくてもまあいいか、と思っちゃうとまずいのはまずいんですけども。学力と生活面と、そして自尊感情のバランスが大切だなと考えています。

> 「『謝れる』いいですね」

⑥ 小学校で育てる！多様に生きるチカラ（本書P.115〜）

石：南さんは、子どもが主体的に動くような授業をしていますよね。授業づくりに関して、特に注目していることはなんですか？

南：やはり、アクティブ・ラーニング（以下：AL）ですね。インクルーシブ教育の視点とも関連しますが、「特性のある子どもも通常学級でいっしょに勉強しよう」ということが、ALをすすめることで具体化されていくと思うんです。

石：なるほど。ユニバーサルデザインの授業（以下：UD）についてはいかがですか？

南：UDも注目されていますよね。基本的には「今ある一斉授業のシステム」は変えずに、「スロープをつけて支援している」というようなイメージがしています。

石：ぼくも、ひとまず教師の教えやすさを優先しているのでは、という違和感がぬぐえないんです。

南：ただ、教室の現状が大きく変わらないなかでは、UD的な考え方・立場・手法は現実的に必要ですよね。

石：ですね。特に中学校はインクルーシブ教育の視点での学校づくりや教室づくり、授業づくりは進んでいません。小学校ではあった配慮が、中学校でなくなることで、子どもたちが苦しくなることは実感しています。そういう意味では、ALの導入は転機になるかも。

南：確かに。動き回るとか、しゃべり続けるとか、人と関わることが大好きとか。こういった発達特性のある子どもって、ALにおいては宝物みたいな特性ですよね。教室で、発達特性のある子どもが「問題」でなくなるんです。

石：ALにはキャリア教育的視点もありますが、小学校ではそんな子どもたちにもどんな力をつけていけばいいと考えますか？

南：自分自身の得意な型や苦手な型などを知れるようにすることは、特に大切かと。そのためには、多様な授業の経験が重要になります。

> 「発達特性のある子どもが『問題』でなくなる」

石：ですね。小学校では、ほぼすべての授業を担任が行うので、できるだけ多様なとらえ方をし、子どもたちの特性が多様に出るような授業を意識的にしていかないといけません。許容範囲を広くもちたいですね。

南：ルールはゆるやかでいて、より一層多様な「価値観」をもつことが必要だと感じています。社会に出たら「動く子」は一概にだめ、ではないですよね。指示を待って、じっと座ったままの居酒屋の店員さんは困ります（笑）。ただ、ゆるやかにしすぎると、学級全体がガチャガチャしてしまうことも考えられるので、まずは、自分のコントロールできる範囲内で取り組むといいと思います。

石：自分にあった学び方を「選択」できるように育てるという視点から、小学校での改善の必要はありますよね？

南：授業の主体を教師から、子どもに「預ける」時間や機会を増やしていくことは大切です。そのうえで、専門的な知識や見取り、また、それに対する学習方法や支援の技術は私も磨いていく必要があります。でも、多少の不自由さも子どもにとっては必要なのでは？　とも思うんですけど。

石：なるほど。

南：「ギャップ」を完全になくすことが、果たして子どものためになるのだろうか、ということも考えておきたいです。

✲ あとがき ✲

　中1ギャップという言葉が世に出てから、随分長い時間が経ったと感じますが、まだまだそれがなくなることはないでしょう。
　それでも、この間に小中連携も進んだように感じています。
　小中連絡会は以前よりも多く開かれ、生徒指導部会などが小学校、中学校合同で行われる機会も増えてきたように思います。
　確実に、前に進んでいると思います。

　ただ、本当に子どもたちの力を伸ばし、将来に向けての小中連携になっているでしょうか。
　新しい学習指導要領の改定案が公表されました。
　「主体的・対話的で深い学び」をキーワードとする新しい考え方や指導法が導入されるようです。
　そのなかで子どもたちは、存分に力を発揮できるでしょうか。

　迎え入れる中学校は中学校で、目の前にいる子どもたちのために一生懸命手を尽くしてくれているでしょう。
　小学校は小学校で、まだ見ぬ中学校での生活に子どもたちが適応していけるか、悩みながら学級づくりや授業づくりを行っています。
　ただ、本当に今やっていることでいいのか。中学校の先生にはいわれないけれど、実は大切なことはないのか。
　わからないことも多いのです。
　本著では、小学校現場にも馴染みが深い石川晋先生と、中学校勤務の経験もある私、南が、お互いに知恵を出し合いながら、十分ではないかもしれませんがいくつかのヒントとできるだけの提案をさせていただきました。
　中学校を見据えた取り組みをコツやネタを中心にして提案できたかなと思います。
　できるだけ、打ち上げ花火のようではなく、継続して取り組めて、確実に力をつけられるものを収録したつもりです。その分、地味な印象があるかもしれませんが、こつこつ取り組むことで確実に効果を上げるであろう実践です。

実は、「コツやネタには『教育OS』というものが内在している」。2015年大阪で行われたセミナーの鼎談で、石川先生がそのことに触れられました。
　私と石川先生の実践は、校種の違いということだけでは説明できないほど、大きく異なる部分がたくさんあります。
　しかし、その根っこにある「教育観」、そして、コツやネタを動かすベースにある「教育OS」はかなり似通っていると思います。
　本著で提案させていただいたコツやネタの根底にも、その「教育観」や「教育OS」が内在しています。実際にこの本にある内容を実践してみながら、その教育観や教育OSにも間接的に触れていただければ幸いです。

　そして、教師自身がそういったコツやネタの裏側にあるものを探り、このコツやネタが子どもにあっているかどうかも含め目の前の子どもの姿から学びながら日々試行錯誤していくことこそ、一番大切な「チカラ」なのです。
　これが本書で示す、**60個目のチカラ**です。60個目は、あえて教師がもつべき「チカラ」を示しました。

　もちろん、すべてのコツやネタを使うには、時間を始めとする制約がたくさんあります。ご自分の環境にあわせて、できるところだけでも取り組んでいただければと思います。

　最後になりましたが、この本はちょっと変わった2人のおじさんたちに粘り強く関わり続けてくれたフォーラム・Aの若い編集者、田邉光喜さんがいたからこそ世に出すことができた本です。
　心より感謝します。
　ありがとうございました。

　多くの先生方のお役に立てますように。
　そして、その先生方の目の前にいる子どもが1人でも多く、幸せに向かいますように。

2017年2月14日　　南　惠介

【著　者】

石川　晋（いしかわ・しん）
中学校教諭、NPO法人授業づくりネットワーク理事長
1967年、北海道旭川市生まれ。
1989年、北海道中学校教員として採用。以降、オホーツク、旭川、十勝の中学校を歴任。
現在、北海道上士幌町立上士幌中学校教諭。
学生時代より授業づくりネットワーク運動に参加し、2013年3月よりNPO法人授業づくりネットワーク理事長に就任。
2015年度は、全国20ヵ所以上を回って研修会を実施。
日本児童文学者協会会員、北海道子どもの本連絡会運営委員。
趣味は、野鳥観察と音楽鑑賞、合唱など。

著書・共著
著書に『「対話」がクラスにあふれる！国語授業・言語活動アイデア42』（明治図書、2012）、『音楽が苦手な先生にもできる！学級担任の合唱コンクール指導』（明治図書、2013）、『エピソードで語る　教師力の極意』（明治図書、2013）、『「教室読み聞かせ」読書活動アイデア38』（明治図書、2013）、『新版　学級通信を出しつづけるための10のコツと50のネタ』（学事出版、2015）、『学校でしなやかに生きるということ』（フェミックス、2016）、共著に『わたしたちの「撮る教室」』（学事出版、2016）など。
著書、共著ほか多数。

◎執筆担当：第6章　1～7、コラム・「引き継ぐ」ということ

南　惠介（みなみ・けいすけ）
小学校教諭
1968年、岡山県生まれ。
現在、岡山県和気町立藤野小学校教諭。
中学校、小学校での講師での勤務を経て、小学校教諭となる。
人権教育、特別支援教育をベースとした学級経営に取り組んでいる。
子どもたち1人ひとりを伸ばすための、多様な学びのあり方について研究を進めつつ、試行錯誤しながら実践に取り組んでいる。

著書・共著
著書に『学級を最高のチームにする！　365日の集団づくり　5年』（明治図書、2016）、『子どもの心をつかむ！指導技術　「ほめる」ポイント　「叱る」ルール　あるがままを「認める」心得』（明治図書、2017）。
共著ほか多数。

◎執筆担当：第1章～第5章、第6章　8～10

高学年担任必読！小学校で育てる！60のチカラ

2017年3月20日　初版　第1刷発行
2018年8月10日　　　　第3刷発行

著　者　石川　晋・南　惠介　©2017
発行者　蒔田　司郎
発行所　フォーラム・A

〒530-0056　大阪市北区兎我野町15-13
電話　（06）6365-5606
FAX　（06）6365-5607
振替　00970-3-127184

制作編集担当・田邉光喜

カバーデザイン—畑佐　実／イラスト—斉木のりこ
編集協力・DTP—堤谷孝人
印刷—（株）関西共同印刷所／製本—立花製本

ISBN978-4-89428-926-0　C0037